田開銓
赴美接艦日記

The Diary of Tien Kai-tsuan, 1944-1946

民國日記｜總序

呂芳上
民國歷史文化學社社長

　　人是歷史的主體，人性是歷史的內涵。「人事有代謝，往來成古今」（孟浩然），瞭解活生生的「人」，才較能掌握歷史的真相；愈是貼近「人性」的思考，才愈能體會歷史的本質。近代歷史的特色之一是資料閎富而駁雜，由當事人主導、製作而形成的資料，以自傳、回憶錄、口述訪問、函札及日記最為重要，其中日記的完成最即時，描述較能顯現內在的幽微，最受史家重視。

　　日記本是個人記述每天所見聞、所感思、所作為有選擇的紀錄，雖不必能反映史事整體或各個部分的所有細節，但可以掌握史實發展的一定脈絡。尤其個人日記一方面透露個人單獨親歷之事，補足歷史原貌的闕漏；一方面個人隨時勢變化呈現出不同的心路歷程，對同一史事發為不同的看法和感受，往往會豐富了歷史內容。

　　中國從宋代以後，開始有更多的讀書人有寫日記的習慣，到近代更是蔚然成風，於是利用日記史料作歷

史研究成了近代史學的一大特色。本來不同的史料，各
有不同的性質，日記記述形式不一，有的像流水帳，有
的生動引人。日記的共同主要特質是自我（self）與私
密（privacy），史家是史事的「局外人」，不只注意史
實的追尋，更有興趣瞭解歷史如何被體驗和講述，這時
對「局內人」所思、所行的掌握和體會，日記便成了十
分關鍵的材料。傾聽歷史的聲音，重要的是能聽到「原
音」，而非「變音」，日記應屬原音，故價值高。1970
年代，在後現代理論影響下，檢驗史料的潛在偏見，成
為時尚。論者以為即使親筆日記、函札，亦不必全屬真
實。實者，日記記錄可能有偏差，一來自時代政治與社
會的制約和氛圍，有清一代文網太密，使讀書人有口難
言，或心中自我約束太過。顏李學派李塨死前日記每月
後書寫「小心翼翼，俱以終始」八字，心所謂為危，這
樣的日記記錄，難暢所欲言，可以想見。二來自人性的
弱點，除了「記主」可能自我「美化拔高」之外，主
觀、偏私、急功好利、現實等，有意無心的記述或失
實、或迴避，例如「胡適日記」於關鍵時刻，不無避實
就虛，語焉不詳之處；「閻錫山日記」滿口禮義道德，
使用價值略幾近於零，難免令人失望。三來自旁人過度
用心的整理、剪裁、甚至「消音」，如「陳誠日記」、
「胡宗南日記」，均不免有斧鑿痕跡，不論立意多麼良
善，都會是史學研究上難以彌補的損失。史料之於歷史
研究，一如「盡信書不如無書」的話語，對證、勘比是
個基本功。或謂使用材料多方查證，有如老吏斷獄、
法官斷案，取證求其多，追根究柢求其細，庶幾還原

案貌，以證據下法理註腳，盡力讓歷史真相水落可石出。是故不同史料對同一史事，記述會有異同，同者互證，異者互勘，於是能逼近史實。而勘比、互證之中，以日記比證日記，或以他人日記，證人物所思所行，亦不失為一良法。

從日記的內容、特質看，研究日記的學者鄒振環，曾將日記概分為記事備忘、工作、學術考據、宗教人生、游歷探險、使行、志感抒情、文藝、戰難、科學、家庭婦女、學生、囚亡、外人在華日記等十四種。事實上，多半的日記是複合型的，柳貽徵說：「國史有日歷，私家有日記，一也。日歷詳一國之事，舉其大而略其細；日記則洪纖必包，無定格，而一身、一家、一地、一國之真史具焉，讀之視日歷有味，且有補於史學。」近代人物如胡適、吳宓、顧頡剛的大部頭日記，大約可被歸為「學人日記」，余英時翻讀《顧頡剛日記》後說，藉日記以窺測顧的內心世界，發現其事業心竟在求知慾上，1930 年代後，顧更接近的是流轉於學、政、商三界的「社會活動家」，在謹厚恂恂君子後邊，還擁有激盪以至浪漫的情感世界。於是活生生多面向的人，因此呈現出來，日記的作用可見。

晚清民國，相對於昔時，是日記留存、出版較多的時期，這可能與識字率提升、媒體、出版事業發達相關。過去日記的面世，撰著人多半是時代舞台上的要角，他們的言行、舉動，動見觀瞻，當然不容小覷。但，相對的芸芸眾生，識字或不識字的「小人物」們，在正史中往往是無名英雄，甚至於是「失蹤者」，他們

如何參與近代國家的構建，如何共同締造新社會，不應
該被埋沒、被忽略。近代中國中西交會、內外戰事頻
仍，傳統走向現代，社會矛盾叢生，如何豐富歷史內
涵，需要傾聽社會各階層的「原聲」來補足，更寬闊的
歷史視野，需要眾人的紀錄來拓展。開放檔案，公布公
家、私人資料，這是近代史學界的迫切期待，也是「民
國歷史文化學社」大力倡議出版日記叢書的緣由。

導言　我們是一群弟兄

張　力

中央研究院近代史研究所兼任研究員
國立東華大學榮譽教授

　　「我們是一群弟兄」是一首自 1950 年代起，在中華民國海軍傳唱的軍歌，這首歌旋律輕快活潑，歌詞描述海軍弟兄來自各地，齊聚一堂，既有「同舟共濟，萬里破長風」的豪情壯志，更有「也談戀愛，也吐私衷」的浪漫情懷。直到今日，退休的海軍袍澤在聚會時，總會齊唱這首年輕時代的歌。

　　而在 1945 年 1 月下旬，也就是對日抗戰進行到第八年年初，大約有 60 名海軍軍官，1,000 名海軍士官兵啟程赴美，在邁阿密海軍訓練中心（U. S. Naval Training Center, Miami）接受接艦訓練，準備投入中國東南海域的戰場，和美軍併肩作戰。他們之中的 333 人是原來海軍各系統之練營或訓練班出身，其他則是響應「十萬青年十萬軍」的號召，投效海軍。這批青年之中，具有大學、專科學校肄業或畢業學歷者有 237 人，具有初中、高中、職校肄業或畢業者有 249 人，小學畢業或肄業者有 137 人。本書作者田開銓，湖南大庸人，為重慶九龍坡交通大學航海科的新鮮人，他經過一夜苦思，決定從軍，而在「派美接艦參戰海軍學兵總隊」之中，他是第七中隊學兵第九班班長。

　　赴美接艦參戰計畫造就了一批能夠掌握新知的海軍弟兄。最初，獲得錄取的學兵先到重慶下游 15 里唐家沱的江順輪集合，每日在江邊實施軍事基本動作訓練。後期則由學兵中的高年級大學生擔任分隊長及班長，使用英文口令，操練美式軍事動作，由美國海軍槍砲上士費士曼（CGM Fishman）擔任教官。1945 年 1 月 21 日，出國官兵整隊赴復興關軍事委員會幹訓團恭聆國民政府蔣中正主席訓話。之後由潘佑強任總領隊，許世鈞、魏濟民任副總領隊，於1945 年 1 月 24、25 日分批乘車離開重慶，至雙流縣新津機場待命。2 月 3 日起分乘專機越過駝峰，在印度汀江機場降落，經加爾各答輾轉抵達孟買候船。一週之後，登上美國運輸艦曼恩將軍號（General W. A. Mann, AP-112），取道印度洋、南太平洋赴美。航程中，學兵就已開始學習，被安排到砲位，或學習如何放救生艇等。4 月初抵達美國西岸的洛杉磯附近的長灘港（Long Beach）後，換乘專列火車橫貫美洲大陸，到達邁阿密。

　　自 4 月 23 日起，學兵開始接受體能訓練、陸操、游泳、基本英語等課程。接下來的基本訓練有救生、槍砲、船運、救火、損害管制、飛機識別、艦船識別等。最後是專科訓練，包括槍砲、雷達、聲納、電工、無線電、帆纜、航海、船工、信號、電機、輪機、醫藥、文書、補給、廚工等。美籍教官利用電氣化設備授課，令學兵大開眼界，且課程著重實際操作，亦使學兵印象深刻。不過少數課程美方亦有所保留，如上雷達課時，學兵身上不能帶筆和紙張，出了教室不准提雷達二字，也

沒有課後作業，可見美國對新技術的管制甚嚴。

　　受訓時間原定一年，因為日本投降，戰爭結束，遂縮短受訓時間。1945年8月28日中國駐美武官劉田甫少將代表政府簽字，接收護航驅逐艦太康、太平，掃雷艦永寧、永定、永順、永勝，驅潛艦永興、永泰等八艦。9月6日起，分別派定各艦的水手和輪機兵，並於當日起登艦擔任維修保養工作，及從事艦上在職訓練；所有士官留岸繼續接受專科訓練。到了11月26日專科訓練完成，全體士官派艦、授階、按階任職，田開銓是派定學射擊指揮，且被派到太康艦上。之後繼續進行海上組合訓練，先由少數美國教官從旁指導，中國官兵操縱新式戰艦，漸至能獨立操縱為止。

　　1946年1月2日，八艦赴古巴關達那摩（Guantanamo）美國海軍基地，進行海上軍艦訓練及編隊訓練。4月1日訓練結束，由海軍上校林遵率領八艦，離開關達那摩港返國，途中於哈瓦那、巴拿馬、墨西哥等地停留，招待華僑登艦參觀。其後之航行曾納入美軍任務編組，美海軍派一中校為指揮官，以運油補給艦媽咪號（USS *Maumee*, ADG-122）為旗艦，指揮艦隊航行及戰術操演準備事宜。艦隊離開日本水域後，媽咪號駛往青島，不久由中國海軍接收，改名峨嵋艦。八艦則於7月19日抵達上海，7月21日駛抵南京下關停泊，海軍官兵完成接艦任務。

　　曾經「甘苦同，生死同」的接艦弟兄，返國後因中日戰爭已結束，於是各奔前程。知識青年投效海軍者，想到該重返校園，繼續學業。但此時美國為了協助中國

建立海軍，除將前述八艦由撥借改為贈與，又依國會
通過的《512 法案》，將 271 艘各型艦艇撥讓中國。
不過艦艇雖然大量增加，中國能夠操作新式軍艦的官兵
仍屬有限，軍官為職業軍人，有其服務年限，海軍希望
受過訓練的接艦士官兵能夠繼續留在海軍，因此派員遊
說，甚至海軍總司令陳誠也曾親自召見，進行個別談
話。而更具體的做法是拔擢一些優秀的士官，使之成為
初級軍官。繼而在 1947 年起於青島新成立的新制海軍
軍官學校中，開設軍官訓練隊（簡稱軍官），考取該隊
的學員修習一年左右的課程，比照海軍軍官學校正期生
發給畢業證書。田開銓為軍官隊第二隊學員，於 1948
年 6 月 14 日畢業，該隊統一改稱海校三十七年六月班
航海。

　　戰時赴英國和美國接艦參戰所留下的紀錄，多是從
軍官的觀點，田開銓日記可貴之處，是呈現了廣大士官
兵的經驗。若依宋炯所述，田開銓捲入海軍白色恐怖之
中，以致喪命，令人惋惜。不過同往接艦的知識青年，
部分有著不錯的發展。如汪希苓報考時年僅 18 歲，學
歷為南開中學一年級，自美返國後進入軍官隊，其後歷
任各級軍艦艦長、駐外武官、蔣中正總統海軍侍從武
官，於國防部情報局局長任內發生「江南案」而被判
刑。和汪希苓軍官隊同隊的袁昌炎，西南聯大外文系肄
業，曾升任海軍中將參謀長、高雄港務局局長。湖北黃
陂人王業鈞原在國立十二中高三肄業，和遠房兄弟王業
菩、王業寶一起投入海軍。王業鈞本人後來亦為軍官隊
出身，第二艦隊司令林遵於 1949 年 4 月 23 日決定投共

時，王業鈞奔走各艦聯繫，促成部分艦艇成功突圍，為
海軍保存了實力。來臺後赴美接艦，任湘江艦長，參與
「八二三」作戰。不過王業鈞後來赴美學習氣象，先後
拿到兩個碩士學位，繼而在芝加哥大學（University of
Chicago）取得氣象學博士學位。他不免感慨自己中學
未畢業，卻能取得名校最高學位。除此之外，他還奉黎
玉璽之令，於 1959 年建立了海軍專科學院氣象系，又
在 1960 年代表我國出席聯合國教科文組織舉辦的國際
海洋會議，其一生相當精彩。而金陵大學自動車工程系
畢業的梁天价，在海軍之中有完整的資歷，更值得注
意的是 1950 年代初他在浙江海域多次參與作戰，更
在 1954 年 5 月擔任雅龍艦長時，於鯁門島海戰中深
入敵港，奮力救回美方及我方情報人員，獲頒青天白
日勳章。

　　1949 年以後留在大陸的前赴美借艦參戰學兵中，
最為知名的可能是演員黃宗江，他就讀燕京大學三年
級，戰前就曾與舞台演出，和妹妹黃宗英在戰時都是廣
為人知的明星。他隨八艦返國後，並未留在海軍，而是
投入舞台電影演出。後來加入解放軍，文革時期不能避
免地受到迫害，但文革結束後依然活躍。另有劉行恕，
後改名劉山，是劉田甫之子，就讀交通大學航海科，後
來成為中共重要的外交人物，曾任外交部政策研究室主
任、駐比利時大使兼駐歐盟大使、國務院外事辦副主
任、外交學院院長兼黨委書記等職。

　　接艦學兵後來的發展，此處僅能列舉少數，如能更
廣泛地探究下去，將是一個有意義的課題。借艦參戰以

及後來的八艦返國，是大時代中的一段值得注意的歷
史。當我們閱讀這段歷史的相關檔案時，田開銓親身經
歷的留下的日記，會讓我們有著更深一層的感動。

編輯凡例

一、 本書原由海軍總司令部新聞處於 1947 年編印，摘
　　錄田開銓先生赴美接艦期間的日記，自 1944 年 11
　　月1 日至 1946 年 7 月 18 日，原題名為：《從入伍
　　到服務 —— 一個海軍軍官的日記》。

二、 本書以現行通用字取代古字、罕用字、簡字，並
　　改採現行標點符號；另有手民誤植之處，均做修
　　改。以上恕不一一標注。

三、 正文旁之圖文框，為編輯部所增補之相關參考資
　　料，非屬原文範疇。

目　錄

「制海者制世界；我們應當制海！」

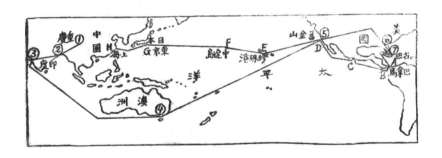

1944-1946 年赴美接艦與返國路線

四川璧山-印度丁江-印度加爾各答-印度孟買-澳洲新金山-
新喀里多尼亞-美國聖地牙哥-美國聖路易城-美國邁阿密-古
巴-巴拿馬-墨西哥阿卡普爾科-美國聖地牙哥-夏威夷-中途島-
日本橫須賀-日本橫濱-吳淞口

1944 年

1944 年 11 月 1 日

「制海者制世界；我們應當制海！」

我愛沉思，可是這幾天來接二連三的船藝、物理、航海、輪機大意……等考試，使我忙得連透氣的時候都沒有，哪裡還有甚麼雅興去思想，去回憶。但今天是安息日，我不必再去背那些公式、定義，加之昨晚破例地睡得很早，今晨起來精神特別飽滿，吃過稀飯後買點橘子花生，獨個兒跑到後山去散步，在陽光下我的活潑心情蘇醒了！不知不覺地又想到了上面這兩句狂妄的話。

這兩句話很奇怪，它們在我的思想中似乎非常重要，也許它們正在支配著我的生命。雖然我不知道這兩句話究竟是從書裡面學來的，還是自己造的，可是對於我第一次使用它們的情形，卻記得很清楚。

那還是八年以前的事，當時我在雅禮中學初中部讀書，同班有一個名叫迪肯的，是一位瘋狂的海軍崇拜者，對於海軍更是「無所不知」，所以同學們都叫他「海軍元老」，他也常自負地以「元老」自居為海軍鼓吹。

「海軍元老」和我很要好，他常借些海軍書籍給我看，如《二十年海上歷險記》、《重洋怪傑》、《海上十月》……使我漸漸地也對海軍發生了興趣，開始幻想將來有一天我會穿著潔白的制服，踏上一隻輕快的軍艦，冒著驚濤駭浪，橫過遼闊的海洋，從一個國度駛到另一個國度，處處受到熱烈的歡迎，或是經過慘烈的長

期抗戰，我們終於勝利了，最後我們中國海軍以占領軍
的身分，驕傲地出現東京街頭……呵！如果將來真有那
樣美麗的一天，我就是葬身魚腹，也是痛快！

　　不過我們並不只是幻想，因為後來我們曾勇敢地寫
信給海軍總司令陳紹寬將軍，陳述投效海軍的熱忱，好
容易等了一個多月，他的回信終於來了，說海軍學校已
經停辦，鼓勵我們努力讀書，待將來有機會再從軍報
國，並且贈了十多本海軍雜誌，令我們「悲」「喜」
交集。

　　那些海軍雜誌我們自己看過了以後，又轉借給其他
的同學，這樣一來，立志作海軍的更多了，後來我們居
然在初中部有了所謂「海軍集團」的小組織，這個集團
中，除了「元老」以外，我便是「少壯派」的領袖了。
那學期終了的時候，迪肯請我簽名，我便在上面狂妄地
寫下：

　　「制海者制世界；我們應當制海」！

　　但是一年又一年，我們的希望、祈求在伴著時間消
逝，我們眼見著自己幼弱的海軍在殊死抵抗敵人的過程
中，備受摧殘，海軍艦艇退到長江上游，海軍工廠遷到
辰谿，海軍陸戰隊開往大庸的高山峽嶺中去剿匪。等到
高中畢業的那一年，我們的「元老」終於在痛心中喪失
了他的勇氣和熱忱而「退休」了。至於我呢？也許正因
為是「少壯」的緣故吧！至今還抱著幾分希望。這希望
似乎異常渺茫，雖然前不久我曾聽到海軍幼年學校招生
的消息，但是一個壯年的交大航海科學生，是不是還能
夠而且願意去呢？不去難道還可能有其他的機會嗎？近

來戰爭這樣失利，陸軍都要被打得沒有立足之地了，我還應該在這去海岸幾千里的地方幻想到海上去嗎？

可是直覺告訴我決不致失望的，我內心常發出一種微小而有力量的聲音說：「Seek, and ye shall find; knock, and it shall be opened unto.」

11月5日

考過以後，教授們似乎「慈悲」了許多，可是不到一星期又「凶」了起來，一天逼到晚，恨不得要將滿肚子的東西一下都塞過來似的，白天是整天的課，晚上得做半夜的習題，寢前還得將鬧鐘弄好，否則第二天早晨便有犧牲稀飯的危險了。

既然有勇氣學工，當然是不會怕功課緊的，相反地是這種緊張生活往往能夠給我一些安慰，使我想到在前線的將士們時並不怎樣慚愧，因為我們也是在餓著肚皮苦讀呀！可我仍不免有幾分著急，著急我們學習的方法是落伍，是死板，是事倍功半，將來也許我們的眼睛近視了，肺部有黑點了，而換得的不過是些陳舊腐敗東西。

當然我不會懷疑我在學航海，因為它正占據著我全部的精力和時間，它正控制著我整個的思想和意志，它更是我一切希望的寄托。可是，慚愧得很，我還沒有看見過比朝天門更遼闊的水面，沒有看見過電羅徑和淡水機一類的新式儀器，至於雷達、羅遠，當然更是茫然了。

我希望將來有那樣一天，我們可以有一個設備最完善的地方學習，那裡有一切最新的儀器，有經驗和學問都異常豐富的教授，那裡正是風景最美麗的海濱，那裡的教育是課堂和實習並重的，那裡的學生都健壯、活潑，他們不僅具備一切航海者所應有的知識和技能，而且還有著豪毅的性情、寬闊的胸襟、敏銳的思想和紳士

般的態度，他們歌頌生命，讚美海洋！

　　這似乎完全是一種不可能的幻想，一個月來急轉直下的戰局，使我們這些學航海的人感覺到能夠和長江保持接觸，沒有被迫遷到蘭州、拉薩那些地方，已經是夠幸運的了，那裡還敢奢求，不過這個幻想將來總要實現的，如果我們下一代還是在吃不飽餓不死的狀態下，在高山上學航海，我們還能夠不慚愧死嗎？

軍事委員會「亟應選派海軍官兵赴美接收租艦參戰，俾即由海軍總司令部、粵桂江防司令部、江防獨立守備總隊及各有關機關部隊，挑選保送上校以下之海軍軍官及適於應召士兵，冊列姓名年齡級職簡歷報會，至保送員兵應具資格如下：

（甲）官兵
　　一、曾在國內外海軍學校航海科或輪機科畢業者，
　　二、年齡在三十五歲以下身體健康者
　　　　（艦長、副長四十五歲以下），
　　三、曾在海軍艦船任職或見習一年以上者
　　　　（艦長、副長、輪機長須三年以上）；
（乙）士兵
　　一、曾在國內海軍練習營或軍士訓練班畢業或艦船練兵出身者，
　　二、年齡在三十歲以下身體健康者（士級三十五歲以下），
　　三、曾在艦船服務半年以上者（士級二年以上）。」

軍事委員會渝辦一通字第三二一二五號
代電，1944 年 9 月 18 日。

11月11日　陰

昨夜我第一次失眠！

從軍嗎？是的，我應該從軍了，八年的血債、恥辱，決不是一個有血性的青年所能夠忍受的，逃亡、觀望，更是沒有出息的思想，國家處於生死存亡關頭的今天，我應該從軍！

可是，國家教育了我十幾年，難道我能貢獻國家的竟和一個壯丁一樣嗎？母親年老了，她的記憶裡仍保留著父親當年戰死的恐怖情景，我的從軍對她精神上的打擊如何，是不難想像的，還有莉，她實在太可愛了……應冷靜一點！理智一點！

但是，這實在是最愚笨，最自私，而且最軟弱的思想。

主席既然號召知識青年從軍，當然是認為此刻青年捍衛國家比讀書重要，我還應該考慮那方面的貢獻比較大嗎？無數人被殺、污辱、掙扎在死亡線上，我能夠只顧慮母親一人？至於莉，她會相信一個不忠誠愛護國家者的愛嗎？再想遠一點，二十年以後我的孩子們問我對這次神聖的民族戰爭究竟有何供獻時，我應該感到慚愧還是驕傲？當然，戰爭是危險的、殘酷的，一個男子居然到了被危險屈服的地步，還有活著的價值？殺死些敵人使勝利早日來臨，比讓敵人繼續屠殺自己的同胞更殘酷嗎？

我決定了，一夜的苦思，我決定了從軍，是的，我要立刻將這消息告訴母親以外的一切親友，這是我生命

中最大的決定之一，也許這決定在很多人的眼光中是愚
笨且不理智的，但此刻我所感到的卻只有興奮、快樂！

　　今天開從軍運動會的時候，我是第一個上去簽名
的人。

　　黃昏我獨自散步的時候，猛然想到父親，他雖然已
經死了，可是他當年作戰和壯烈殉國的精神，此刻正引
領著我。呵！父親，我正在準備踏著你的血跡前進了，
我要完成你未盡的願望，我願意像你一樣的死去！

11 月 16 日

　　簽名從軍後，我的生活改變了許多，除了有興趣的功課外，我都不去讀了，餘下的時間便忙著開從軍同學會呀！寫信呀！一天忙到晚，夜間還興奮得睡不著，腦裡充滿著戰爭、榮譽、血汗、淚的思想。

　　可是簽名從軍不過是一切問題的開始，其中最迫切的問題便是我應當投效於何種兵種。

　　陸軍嗎？陸軍的確很好，進入陸軍可以迅速達到參戰的目的，可以最親切地體會到戰爭的滋味，可以參與每一個重要的戰役。進入了陸軍我也許可以在兩月以後參加緬北戰爭，或反攻桂林，多痛快！可是在陸軍中，這十幾年來學的有多少能夠實用？在那樣動盪的生活中當然不容易溫習功課，不溫習功課退伍以後還能夠完成學業嗎？尤其是我們這些學工的。

　　譯員似乎可以補救這種缺點，不過我的興趣和這方面相差很遠，從軍而不作戰在我看來是件很大的憾事。

　　那麼空軍是比較理想的了，空軍是思想和身體並重的，空軍可以向敵人索取較大的代價，優秀的青年航空員常常是人們崇敬的對象。但是空軍是終身事業，投效空軍便是將我八年的航海志願送入墳墓。我能夠愛陸地勝於海洋嗎？我願意終身守著幾個平坦的機場，還是願意過著「乘長風破萬里浪」的生活呢？我慣於坐在斗室中，穿著一身沉重衣服，在呼吸急速下聽著震耳欲聾的馬達聲，還是慣於散步甲板上，欣賞「海上生明月」，靜聽海浪的言語？

今天實在想得太多，好像除了海軍便沒有可以令我滿意的了，但是在這個時候誰還能希望進入海軍呢？從軍既然是一種犧牲，生死尚且要置諸度外，還有甚麼苛求的，所以我決定了進入青年軍，待學校裡的手續弄妥以後便到壁山去。

11 月 27 日　陰

　　幸運的機遇終於降臨了，我有幾分彷彿，這消息實在太意外，太難令人置信了，可是事實告訴我它的確實性沒有懷疑的必要。

　　海軍也招募了！它的任務是派赴英美接艦參戰。

　　我立刻跑到軍委會外事局和唐家沱去詢問，經過了很多挫折，困難和手續，終算是有了一點頭緒，星光下我疲倦地回到九龍里，心中充滿著新的希望，新的喜樂，我興高采烈地唱著「I want to be sailor sailing on the sea...」。

　　今夜我有著最甜蜜的睡眠！

12 月 10 日

　　仍然是忙著投效海軍的事，昨天我已經檢查過了身體，今天又跑到唐家沱參加考試，說也奇怪，當我們報名的時候，軍委會的負責人曾慎重申明過我們一律是三等水兵，可是今天所考的卻是國文、英文、物理、化學、大代數、微積分，世界上會有知識水準這樣高的三等水兵嗎？

　　從唐家沱回校，收到鑄哥和莉的信，是他們知道我從軍的消息以後所寫來的，裡面充滿著矛盾。他們願意鼓勵我去參戰，卻不忍想像我可能付出的代價。莉的信中說「……勇敢的去吧！立：我將從你入伍的日期那天起，夜夜為你祝福直到你平安歸來……」令我非常感動。

　　現在我一切都準備好了，只要一接到通知，便會立刻到船上去報到，去作一個水兵，開始我童年所幻想的海上生活。

12月29日　陰

經過了二十天的等待，通知終於來了，使我充滿了焦慮的心情頓時獲得安寧。早飯後立刻到唐家沱去報到，報到的手續相當簡單，我被派到江新輪上順利地編定了軍號，排了鋪位席次，領了些軍用品，換了一套全新的棉陸軍制服。集合的號聲第一次傳到我的耳鼓裡時，我開始意識到自己是在軍隊裡了。

突然從學校進入軍隊，在一般人想像中，一定是認為不容易習慣的，但在這裡，我似乎沒有這種感覺，一方面是因為我們一同進入海軍的同學很多，而且大家的興趣和思想也大致相同，所以非常投機。另一方面是軍官們的態度都很和睦，他們雖然在公事上相當呆板嚴厲，但是在一般情形下對我們的人格是很尊重的。他們很少官僚氣，也許這正是他們之所以是海軍軍官的原故吧。

伙食很不錯，菜是一缽大肉、兩大缽蔬菜，樣子雖不好看，味道卻很可口，和學校裡蓋不住底的幾盤菜比起來真好了許多，晚餐時蹲在對面的一個陌生小夥子望一望我說：「這樣的兵倒有當下去的價值！」

餐後邀了會裘、本立，到船頭甲板散步。我們原準備盡情地談談各人的感想和計劃，但談不到幾分鐘便都沉默了下來。各自低著頭思想。在這種情形下，我們要說的實在太少，要想的實在太多！

我現在是軍人了，躺在我前面的是責任和希望。這責任不只是「接艦參戰」而是一個新海軍的誕生。這希

望不是看夏威夷的草裙舞，也不是升二等兵，而是億萬
人在奴役和在水深火熱中所期望著的勝利，而是使中華
民族驕傲地站在世界上。這一切責任和希望正等待著我
去擔負，等待著我去實現，我需要最大的決心和最大的
勇氣。

　　夜深了，微弱的月光透過黑雲，照著唐家沱的江
面，照著甲板上每一個沉思的人，江水輕擊船舷，低奏
著夜之音樂。

　　「母親會知道我已經從軍了嗎？她將怎樣難過！」

　　「莉此刻已經睡了？在讀書？還是正在晚禱呢！」

1945 年

1945 年 1 月 7 日　陰

　　在軍隊裡，當然一切都是軍事化，天還沒有亮便有起聲號叫醒，五分鐘以內穿好衣服，整好床舖，跑步到船頂露天甲板集合點名，早餐以後便整隊在沙灘上「立正」、「稍息」、「跑步」地操著，下午是辦理出國手續和其他活動。出國手續中最討厭的就是打防禦針，防禦針有六、七種之多，每一種又要打兩、三針，所以一星期以來我們的左手真有點吃不消。晚上是自由活動，可以隨便在沙灘上走走，或看書、寫信。

　　昨天正式編隊，我被派做第七中隊第三分隊第九班的班長。中隊長劉宜敏中尉是一個三十多歲的北方人，對人非常和睦。分隊長成宏略是我們航海科的畢業生，也是我從前在雅禮中學讀書時的老同學，現在又在一起，真是件巧而難得的事。本班的「弟兄」一共十個人，來自八個不同的省份。戚廷畢業於政校法政系，矮小精悍，曾奪過重慶游泳比賽的四百碼俯泳冠軍，他的思想很進取，愛寫、愛唱，也是我的踢踏舞教師。胥靈臣是航海科三年級的同學，他永遠沉默著，像是在思想甚麼似的。楊鶴齡離開西北大學以後，曾在陸軍裡面當過中校，他的談鋒最健，全船幾百人中沒有一個不認識他的，一方面是因為他曾做過我們的「伙食委員長」，同時也因為他有著全中國海軍最大的腦殼。胡樹軍很聰明，是一個典型的上海人。羅澄是中正中學畢業的，是一個天真而且可愛的小弟弟，啥子東西都會玩，愛聽故事，害羞得像個小姑娘。田漢是我最注意的人物，直到

我發現他並不懂戲劇為止。左鳳山、白甫台、江芳臣和
黃建輝是沙場老將，他們保衛過江陰要塞，參加過馬當
之戰，黃建輝的腿子上至今還保留著幾處槍傷的斑痕，
閒坐時，他們常興奮地訴說當年作戰的故事。白甫台是
遼寧人，他已經離家十五年了，他答應抗戰勝利後，將
他在遼寧的年青女兒嫁給羅澄。

　　軍隊是一個溶鑪，它使不同地域，不同個性和不
同環境的人為著同一目標奮鬥，使他們互相了解，彼
此幫助。

1 月 22 日　陰

　　除了一些謠傳以外，誰都不知道我們究竟甚麼時候出國，不過這幾天操得很利害，並且操的不是「立正」、「稍息」、「齊步走」……而是「Attention」、「At ease」、「Forward march」……再加上接二連三的民眾團體慰勞和政府首長訓話，想必是「其時不遠」了。

　　昨天我們全體赴美海軍官兵一千人整隊到中訓團聽主席訓話，這是我第一次看見領袖，他那灼灼的目光和堅定而懇切的語句，使我看出一個偉大靈魂的存在。他說：「我不但把你們認為自己的子弟，並且要把你們作我生命的繼承者……」

　　今天陳誠部長來唐家沱向我們訓話，語短意長，感人至深，他說：

　　「……請大家看！現在江面上所躺著的，便是我國全部殘餘的艦艇，現在沙灘上所站著的，便是我國全部的海軍。重建中國新海軍的責任便在你們的肩上，你們便是海軍的黃埔，你們是一個強大海軍的種子。今年今天我在唐家沱送你們出國，明年今天我要在黃浦江外面歡迎你們勝利回來！……」

「上午到幹訓團訓話，另與海軍留學生訓話，後召
見學員二十餘人。」

——《蔣中正日記》，1945 年 1 月 21 日

1 月 26 日　陰

渴望著的一天，終於降臨了！

天還沒有亮，我們便隨著軍號聲醒了，接著便聽到劉中隊長的河南口音：

「趕快起來，把行裝整好，吃飯，今天我們要動身到美國去！」

艙裡立刻充滿了嘈雜的聲音，我感到數百個心在急速跳動著，成千的眼睛在黑暗中顯得格外明亮。

兩個鐘頭後，我們便乘同心軍艦到了朝天門，在那裡我們有一刻鐘的時間向送行的親友們告別，隨後便分別乘了指定的汽車向成都進發。晚上宿在壁山中學。

這一天，大家的感覺雖然各不相同，有的在沉思，有的在談天，有的在唱，有的在欣賞風景……；但就一般來說，這一天旅程是很舒服的。沿途到處受民眾的歡迎，午餐是牛肉和餅乾，晚餐和宿地都有人預先準備好，加之是坐汽車，我們壓根兒就沒有感覺到自己是在「行軍」，我們真是太幸福了！記得三月前一個下雨的晚上，學校裡來了一營軍隊，他們是在河南打敗後奉令增援獨山的，步行了一千多里，在飢寒交迫中覓找可以暫時棲身的處所。

1月30日　晴

　　昨晚到達新津，宿在一個破廟中，因為兩天來，車子拋錨次數很多，大家都非常疲倦，所以今天總隊長下令特准休假一天，恰巧鑄哥從成都趕來看我，早餐後我們便一同進城，買了些《唐詩三百首》、《古文觀止》、萬花筒、古錢……一類東西。下午再到忠孝堂玩，忠孝堂是一個很能代表東方藝術的建築，我雖素來不注意廟宇，但對它的幽靜、莊嚴和雅致卻懷著崇敬和喜愛的心。在那裡我們談了很多哲學問題。

　　黃昏，我們踏著斜陽，緩步走向營地，天漸漸地暗了來，我們的心緒也在隨同變化著。我們開始意識到這次不平凡的離別，想到渺茫的將來，萬感叢生，最後鑄哥叫我把以往的日記留給他保存，我回頭望望他，正對著他已經濕潤了的眼睛。

　　「我也許不應該這樣想，可是……」

　　「我懂得你的意思。」我沒有待他說完。

　　回營後，把六年的日記清好交給了鑄哥。這夜我很久沒有睡著，我望著對面斷了一隻手的菩薩，望著軍毯、稻草和熟睡中的夥伴們，反復思想，生命的意義是甚麼？這問題在平時我可以不費思索地說上一大篇理論，可是當我在這冷靜的夜裡深深思求時，卻又茫然得不可解答，我想到三月前路過學校的軍隊在雨中徬徨的情況，他們疲倦，他們飢餓，他們冷，他們知道前面九死一生！我又想到在華麗舞廳裡互相擁抱跳舞的大肚子中年和十多歲的小姑娘，他在笑，猙獰地笑，她也在

笑，笑得更可怕，她滿口是血，滿身是禽獸的毛，生命
的意義是甚麼？我在煩惱中苦思著。

　　這時窗前的臘燭快要燒完了，我因為不願意在黑暗
中，所以再燃上了一支。不意這很普通的動作，竟猛然
給我一種啟示，我想到臘燭，它悄悄地在黑暗中發光，
而不去想它為甚麼要發光，更不顧因發光而喪失了自身
的生命，它只知道自己是個發光體，而且光是好的，它
便不斷地放著光輝，雖然它有終了的時候，但這「光」
卻被繼起者保留著。只要人們沒有完全睡著，只要還有
人不願意在黑暗中。臘燭依然是這個角落中最需要的東
西，因為它能夠發出光輝。

2月7日　陰雨

　　因為飛機的數量有限，我們一千人必須分批乘機到印度去，但是一天究竟有多少飛機卻沒有一定，所以我們每天都要到機場去等，有機便走，沒有飛機便回營，這幾天就是這樣一來一去，不分晝夜的緊張一頓、失望一頓，弄得吃飯既沒有心，睡覺又不能脫衣服，苦惱異常，昨夜更是糟糕，我們簡直在刺骨的北風之下站了一整夜。

　　但是今天下午，我們終於乘上了一架解放式改裝的運輸機，飛機剛起飛的時候，大家都忙著看個不停，不過沒多久便都厭倦了，接著厭倦降臨的便是頭昏、呼吸短促和嘔吐，我望望本班的同志們，他們蒼白的臉上，都有著痛苦的表情，既然還感到痛苦，當然是沒有死的，只要沒有死，我便不急了，大概這架飛機的美國駕駛員也是這樣想吧！要不然他一定會把氧氣管打開的。

　　據說我們會飛過喜馬拉雅山的駝峰，那裡高出海面一萬四千呎，可是我除了冷以外，並沒有甚麼特殊的感覺，只是越過喜馬拉雅山後，飛機急驟降低時，耳膜痛得非常厲害。

　　七小時後，飛機在陰暗中降落在一個濘泥的機場。當時正下著傾盆大雨，使我連想到這便是全世界最多雨的阿哈密省。飛機停妥後有汽車將我們接去吃了一頓豐盛的西餐，然後送到中國駐印軍總部丁江辦事廳。昨夜冷得要命，今夜卻睡在熱帶叢林中的營帳裡。

2月9日　晴

　　在丁江住了一天，每人領了些用品和五十個盧比，高興得了不得。我立刻到附近去買香蕉吃，這東西已經八年沒有嚐過了，就是不好吃也好吃，當我正在欣賞香蕉味的時候，卻不意竟被幾個印度人圍著，他們指指點點地說些甚麼我當然不懂，可是看他們的表情一定是在欣賞我這一套棉軍服，印度人是沒有看見過棉衣的，棉軍服對於他們也許和四強之一的中國同樣神秘吧！

　　昨晚黃昏上了火車，這也是幾年沒有看見了的玩意兒，火車裡面很清潔、舒適。行軍常是只知道自己在走而不知道目的地的，可是我們可以猜想這次是到加爾各答去。火車上午在叢林裡一條長蛇樣地爬著，沿途盡是美麗的熱帶景物，使我連想到「獸國女王」的故事。下午穿過渺無邊際的平原，平原上滿是農田和果園，一片富足的土地，但這片土地上卻盡是破衣蓋不住瘦骨的人民，是誰奪去了他們的財富？！

2月12日　晴

　　一般印度對中國的印像很好，我們向他們叫
「Sulong」的時候，往往能夠得到熱烈的回應，不過偶
然也有些印度人看見我們走近了便跑，好像怕我們也侵
略他們似的。

　　沿途經過的大站、小站很多，火車每到一站，便會
很自然地停下來，因此我們有不少機會和印度人接觸，
我對他們的印象是真摯而馴良，他們大部分都和我的想
像一般窮，幾乎到處都向我們討食物的，這些討食物的
並不是乞丐，他們實在是很好的農民和工人，可是他們
餓了！

　　我又認識一個叫Robindra的少年，他是一個中學
生。健美而且聰明。說一口很流利的英語，他避開警察
的視線告訴我他恨英國人，但是很愛中國人，因為中國
人常給他吃東西……我很喜歡他，立刻把一餐的口糧全
部給他，給他的時候，我很難過，不是為了口糧，而是
想到他們的民族自尊心喪失得太厲害了。

　　Robindra抄了通訊處給我，叫我每天寫一封信給
他。今晨火車經過一個小站的時候，一個中年印度人對
我說：「英國頂不好，中國馬馬虎虎，美國頂好」。

　　這話確能代表大部分印度人民的意思，雖然我當時
並不贊同。中午抵加爾各答近郊的軍營，那裡風景很
好，設備也很完善，是由美軍負責的。到達營地後的第
一件事便是「消毒」。我們領了四套制服、六套內衣、
三雙鞋子、一打手巾……從祖國帶來的東西便給燒掉

了，就是穿著見主席的那套所謂「卡機」制服，也沒有例外，好不痛心；我的《聖經》、日記、《唐詩三百首》、萬花筒……經苦苦的「哀求」得幸免於災。

2月20日　晴

　　現在是另一個國度了，一週來我們一直是吃洋飯、穿洋衣、說洋話、做洋人，好不快活。整天除了打針、點名和吃飯以外，便沒有甚麼規定要做的事了，晝天我常練練 Boxing、躺在床上看書或是在軍營附近的森林裡走走。軍營旁邊有一個小湖，戚廷和我都想痛快地到裡面去游一頓，可是管軍營的說湖裡的「毒」得多，只好作罷論。日間睡得太多，晚上便不容易睡著，常常和戚廷在月下散步，或是去捉猴子，捉猴子的成績很好，因為我們並沒有被猴子捉去。

　　軍營附近的草地，為了怕藏蛇的緣故，每天都顧有印度人來剪，這些人在印度是階級最低的「賤民」（Untouchable），記得我第一次找他們談話的時候，他們拘束得很，覺得我們「高貴」的中國人不應當和他們接近，待我向他們解釋中國人沒有階級觀念以後，他們才安心一點。

　　下午乘火車離開加爾各答，相信是到孟買去，沿途見到的情形和從丁江到加爾各答差不多，只是更遼闊的平原，和更肥美的土地，不過叫 Buckey（求乞）的仍然很多，他們大多是些業餘乞丐。

2 月 24 日　晴

　　清晨一時到達孟買附近的 Kalyan 軍區，我們已經從東海岸橫過印度到達西海岸了。

　　這軍區的規模很大，和軍人福利有關的設備，應有盡有，僅就電影一樣而論，這裡便有比重慶國泰還好的影院兩家，並且每天換片子三次，所以住在軍區裡，就是和外面的世界完全隔絕，也不會感到寂寞。Kalyan 軍區裡有英、美、加、澳、中各國的軍人（中國人包括一千海軍和三百空軍，都是到美國去的），大家相處甚得。

3月15日　晴

在 Kalyan 軍區一共住了二十天，這期間除了上午上操和早晚點名外，其餘的時間都可以自由活動，我便在這期間認識了好幾位外國朋友，我們一同看電影，進俱樂部，談天，或是看印度人對著眼鏡蛇吹笛玩魔術。

前天和戚廷、福堂、鶴齡到孟買城去玩了一整天，因為沒有嚮導，所以只好無目的地亂走，幸而終於找到了著名的維多利亞動物園，後來又在「金陵飯店」吃了一頓中國餐，然後乘 Taxi 到 Hanging Garden 看海上日落，這一天玩得痛快。

昨晚登上運輸艦美琪將軍號（General W. A. Mann），今晨起錨，我們便離開了印度。前面躺著一片碧綠的海水，點綴著幾隻白色的海鷗在上下飛翔著。海，這便是詩人讚美歌頌的海！這便是我童年幻夢中的海！

曼恩將軍號 USS General W. A. Mann (AP-112)
Naval History and Heritage Command, U. S. Navy
編註：原文美琪將軍號可能為誤記，現常譯為曼恩
　　　將軍號。

3月26日　晴

美琪將軍號是一艘戰時下水的新運輸艦，二萬一千噸，時速二十二浬，有五吋砲四門，二十公厘砲二十多門，雷達和聲納一類的設備也很完備，可是在享受方面，卻只有維持健康所需的最低水準。全船一共有乘客三千人，又擠又熱。因為怕潛艦突襲，救生衣每人都有，而且必需時時隨身帶著，否則便有憲兵干涉。淡水當然是很珍貴的，管制得很嚴，沐浴一律用海水，海水衝在身上除了可以涼快外，似乎沒有甚什其他的作用，因為無論你用多少肥皂，也不會起泡沫的，而且洗過以後身上仍然有黏性的感覺。

每天照例有兩次演習，或是「備戰」，或是「棄船」，或是「救生」，都非常認真。離開孟買後曾經有四天由兩艘驅逐護航，大概那四天的航程便是所謂之危險區域吧！不過在驅逐艦離去以後的第二天，我們曾在海面發現寬達數浬的油跡。

印度洋上的風浪很大，加之船行駛得很快，我們這些到海上的小伙子當然免不了要昏船，而且昏得很厲害，船上的伙食雖然豐盛，每天都有火雞之類的東西，可是它們很少在我們的胃裡停留過兩個鐘頭，在我們一千海軍中，除了兩、三個「超人」之外，其餘的都變成了反芻動物。

船離開孟買以後，她的航向便很難捉摸，她有時向東，有時向西，有時向南，有時向北，使我們沒有方法猜著下一個港口是甚麼地方，但這疑團終於在今晨，被

打破了⋯⋯我們到了澳洲新金山！

　　到了新金山並沒有甚麼好處，乘客們一個也不准離船，就是想寄一封信也是絕對不可能的事，我們只可以遠遠地看看這個可愛的城市。

　　因為燈火管制的緣故，十二天來，今天還是第一次能夠於夜間在露天甲板上逗留，這夜滿天繁星，但我已不能從它們中間找到北斗、天龍、仙后那些星座了，南十字頑皮地閃著眼睛說：「你已經到了南半球！」

4月5日　陰雨

　　船在新金山只停一天，便繼續東駛，二日抵新加利多尼亞（New Caledonia），也只停留一天裝了一千多海軍人員，便繼續航行，今日到達日期更換線，這一天足足有四十八小時。

　　對於昏船，我們現在已經沒有顯著的感覺了，是習慣了還是因為已經找到「替身」的緣故？那些剛上船的美國水手真嘔得可憐！

　　不昏船，生命的意義似乎也要豐富些，這幾天無論躺在床上看書或是和朋友們在甲板上散步，或是獨自望著大海沉思，興趣都要濃厚得多，有時我也特別到艙裡去看看，因此也認識了好幾位外國朋友。E. J. Townsend 是一個很夠味的青年水手，他每天到我這裡來玩，告訴我很多美國的情形和他作戰的故事。他說從前他那艘驅逐艦擊沉了一艘日本驅逐艦，後來駛到日艦沉沒的地方，把海面上浮著的日本人救了起來，結果那些被救的日本人竟和他們在甲板上發生了肉搏戰。「所以」他堅定地說：「只有死了的日本人才是好日本人！」Horace 是一個美國黑人，曾經在緬甸作戰一年，他告訴我很多中國遠征軍的故事。他讚揚遠征軍的戰績和勇敢，痛恨每一次發生激烈的攻守戰時躲在中國軍隊後面的某國軍人。為著對日本作戰的事，有一天他和我論辯得很利害，他覺得中國和日本是有色人種中唯有的兩個獨立的強大國家，不應該互相殘殺。Horace 也到過非洲，他興高采烈地向我形容非洲的女子說：

「她們是那樣甜蜜，那樣的黑得可愛！」

4月21日　陰

　　十五日到達美國西海岸的聖第耶各市，悠揚的軍樂聲中我們離開了美琪將軍進入一列專車，接著更開始了橫過新大陸的旅程。

　　車上的設備比戰前粵漢路的特等車還要好，除了完善的水電、冷氣、暖氣、澡堂和餐廳的設置外，一些瑣碎的事也可以交給 Porter 去做。所以我們除了吃和睡以外，便是躺著看書和欣賞風景。沿途的人民對我們更是友善，因此在經過的各州中，我認識了幾位年青朋友，車子每到一站，便有 U. S. O. 的人員上車到處慰勞，贈送好多糖果和雜誌一類慰勞品。這一切真使我們這些中國水兵有幾分「受寵若驚」的感覺。

　　十五日橫過加利福尼亞州和亞利桑那州，十六日橫過新墨西哥州。加州風景秀麗，到處是豐富的石油礦，亞利桑那州和新墨西哥州卻盡是一片黃色的沙漠，沙漠中除了少數人工灌溉的農田和用作畜牧的區域外，大部分都是長滿仙人掌的荒原，荒原裡有許多飛機場，和我們一同來美的三百祖國空軍便在這裡和我們分別了。因為密西西必河氾濫的緣故，火車於十七日轉向北行，經過得阿克薩斯州與俄克拉何馬州西北部到堪薩斯州。十八日橫過密蘇里州，當晚抵聖路易城。次日經過堪塔基州、田利西州達密西西必州。十九日橫過阿拉巴馬州，二十日橫過喬治亞州，二十一日中午到達佛羅里達州的邁亞米城（Miami）。

　　邁亞米在佛羅里達半島的尖端，是美國最南方的都

市，受墨西哥暖流的影響，氣候四季如春，因此成為著
名的避寒勝地。這個城市的美麗，幽靜，從前在「美月
琪華」（Moon Over Miami）的影片上曾經看見過，可
是這城市實際的美，恐怕只有身歷其境的人才能體會到
吧！我們在這裡受海軍訓練該是何等幸運！

　　到達目的地後，隨即住入營房，這營房本是一所旅
館，名叫愛客齋（Hotel Alcazar）。愛客齋一共有十三
層，我們只住最上面六層，中間幾層住的是美國海軍，
最下幾層空著，營房裡的設備很好，好得和一所大旅館
一樣。

　　進入營房便收到兩封信，一封是鑄哥寫的，說母親
對我的從軍雖很難過，卻也贊成；一信是輝妹的，告訴
我銛哥和鎮弟從軍的消息。高興之餘，更驚嘆美國海軍
郵政制度的完美。

愛客齋（Hotel Alcazar），Fishbaugh, W. A.（William
Arthur），1947, 2.23.
出自：State Library and Archives of Florida.

4 月 22 日　晴

　　今天我們雖只是到達邁亞米海軍訓練團的第二天，但我們已經開始訓練了，是新兵訓練，目前我們全是練兵，練兵需要經過三個月的訓練方能升三等水兵，所以從前我們以三等兵自命實是期望過高。

　　上午，每人領了三套海軍制服和三套海軍工作服，制服是白色的，穿在身上便有一種瀟灑的感覺，工作是藍色的，藍得和海水一樣，上面的口袋很多，使你穿上了便會自然地想到自己是海軍，而且應當工作。領過了衣服便去檢查身體，似乎都還不錯。

　　午餐後看電影，片子是「你已經進入了海軍」，內容是海軍禮節和海軍各兵種的介紹，這些東西雖然呆板，可是在銀幕上卻解釋得很生動有趣，加之是五彩片子，所以予人的印象很深。看過了電影便到海濱公園上操，課目是立正、稍息、轉法、齊步走，教官是美國人，精神很好，既認真又和氣，在這種情形之下，我們當然更為緊張。

　　晚上的時間完全是自己的，我們可以排隊去看本訓練團的電影，或是留在營房裡自由活動。我因為覺得精神上需要鬆弛一下，所以便決定到休息室去看雜誌，剛踏出電梯，便聽到休息室傳來的悅耳音樂，是「Blue Danube Waltz」，心想躺在沙發上聽聽這類廣播劇倒是夠快意的，可是走到休息室門口，我突然呆住了，原來那並不是廣播，而是一個中國水兵在彈著鋼琴，一個中國水兵！……。

4 月 26 日　晴

　　受訓好幾天了，這幾天的主要課程是操法和運動，操法除向後轉只要兩個動作和多一種「向後轉走」外，其餘和中國的大致相同，所以沒有任何困難。運動是徒手操、越障礙物、打沙包、單槓、雙槓、拳擊之類，這些運動從前都做過，沒有甚麼特別，不過像這樣做完一種再做一種地連續運動幾小時，卻很少經驗過，所以吃過晚飯以後，除了疲倦得只想睡以外，任何事情都不發生興趣，早晨起來照例是周身酸痛，可是上操的時候還得打起精神，我們寧可「打掉牙齒合血吞」，也不願意讓教官們覺得我們怕嚴格訓練。

　　在各種運動中，拳擊是最劇烈的了，拳擊時，最初是對打，接著是混打，幾十個人打做一堆，我們差不多都是從來沒有學過拳擊的，打起來雖然很凶，防禦方面卻很不週到，所以一場混戰以後，一個個地都被打得頭昏腦脹，火星直冒了，可是教官並不因此罷休，他還要選兩對打得最精彩的人來一次「決鬥」，有一次我是被「光榮」地選上了，對方是個亡命之徒，我當然也不示弱，於是我們在打氣和歡呼聲中像兩隻野獸似的展開一場惡鬥，終了的時候，對方滿口是血，我更是頭痛得厲害，不過因為外表上看不出來，仍被宣布得了勝利。但是，天曉得，這一夜我竟流了兩次鼻血。

　　今天有一位同志因為拳擊的緣故被送到醫院去了。

在海外受過兩年訓練的新艦隊，已由海外歸來了。當他們初次投考了留美海軍出發的時候，鬧了一些小小的笑話，一個投考正式海軍的學生，在人名單上，突然被降為三等麵包兵了（即伙夫）。於是他大憤，連忙報告上司，後來查明，是弄錯了，那位海軍學生，從此便榮任了「三等麵包兵」的綽號。

海軍在美受訓的時候，上英文會話的是位美國女先生，美國人對於插科打諢，本無所謂。某日，在上課的時候，美國女教師便逐一的詢問學生：

「你有愛人麼？你喜歡美國的女孩子麼？」第一個學生站起來紅了臉不說話。

於是第二、第三，逐一的問去，問到一半的學生，沒有一個肯回答的，大家都是面紅耳赤，氣急汗流，窘態百出。

女教師以為闖了禍了，也許是說了得罪學生的話了，於是連忙跑了出去，把領隊的人找來，詢問之下，那領隊的人笑了：「他們是怕羞呵！」

這句話打破了女教師的納悶。「呵！原來中國的男孩子是怕有人問他有愛人的呢！」

——露萍，〈我駐美艦隊的趣聞〉，《快活林》，1946

4 月 28 日　晴

　　今天是星期六，我國駐美海軍武官劉田甫少將特別
從華盛頓乘飛機到邁亞米來，檢閱在此地受訓的中美兩
國海軍。一位少將的檢閱，在美國是一件很隆重的事，
怪不得樓下的美國水兵們今天感到特別興奮的，至於我
們這次檢閱更負有特殊的意義，所以除了興奮外，還帶
有幾分高興。

　　上午是整理內務，大家床鋪像豆腐一樣的方，水手
袋整得像水桶一樣的圓，牆壁擦得沒有一點污跡，地板
更是可以照見人影。用過了午餐，便穿上潔白的海軍制
服到海濱公園接受檢閱。檢閱的成績大概很好，所以檢
閱後，除了幾位不幸的值更者外，全部都放假了，而我
竟是這不幸中的一個。

5月5日　晴

　　這一週的課程仍然很單調，照例是每天上午有四個鐘頭的英文，下午看一個鐘頭與海軍有關的電影，再運動四個鐘頭，這大概就是所謂之「打底子」吧！

　　英文方面因為程度參差不齊，所以英文部為了教學的方便，便舉行一次嚴格的測驗，然後按成績把我們原有的第一中隊到第五中隊分為十組，依次命名為 A 組、B 組、C 組……J 組，A 組是初學英文的同志，J 組盡是些英文較好的大學生。原有的第六中隊到第十中隊也依同樣方法分為十組，依次命名為 K 組、L 組、M 組……T 組。我是在 T 組。

　　主持教英文的哈佛大學的查理博士，滿頭銀髮，想必已經超過了古稀的年齡，可是精神很好，採用的教授法是英國劍橋大學所倡導的「基本英文法」，這種方法除了專有名詞外，只要學八百五十個生字，便可以表達任何意思，所以非常容易。他們希望將來全世界的人都能採用這種「簡單而實用」的語言。

　　運動方面現在添了一種游泳，談到在海濱游泳，人們一定會以為是非常有趣而 Romantic 的事，不過我們上游泳課卻有點不同，上課的地點是海軍游泳場，那裡的風景確很美麗，只是我們要被關在黑房子裡面看電影，電影的內容是游泳法、救生法，怎樣游出燃燒著汽油的海面，怎樣對付吃人的沙魚和怎樣從高大的船上跳入海中。看完了便開始實習，我們於是整隊在海中照樣的游泳、潛泳和打水。後來又被引到一處離水面足足有

三丈高的跳水地方，叫我們輪流跳下去，游十分鐘再攀著繩子爬上來。跳水這玩意兒在游泳池裡倒是頂有味的，我們不但會跳，而且會玩幾個不好不壞的花樣，可是像這樣一定要兩手抱在胸前呆跳下去，卻沒有弄過頭次，何況有那樣高，看看都有點心慌，可是我們不能現出害怕的樣子，以致喪失中國人的尊嚴，所以當時大家便商量好了，決定跳的時候絕對不准遲疑（教官是不懂中文的），這決定果然很生效，一個個地在教官叫了名字以後，接著便跳了下去。但是天曉得！我們中間竟有一位全然不會游泳的同志，不過他很勇敢，他更不願有辱祖國的體面，所以也照樣地奮身跳下去了，直到我們發現他在迅速下沉的時候，才把他救了起來。

5月7日　晴

　　德國無條件的投降了！這消息令人感到興奮、快樂，也令人感到惋惜。

　　侵略者終於得到了它應有的悲慘結局，正義終於戰勝了強權，歐洲被奴役的人們從此恢復了自由！我能不興奮嗎？歐洲戰場既然獲得了勝利，同盟國的軍隊從此可以移師東指，日寇的敗亡，當然也是為期不遠了，想到苦難中的祖國不久即可重光，更是快樂非常，可是如果日寇很快便投降了，熱望著參戰的我們將要何等頹喪！

　　歐戰結束了，從前因省電而停用的氖氣燈，今夜突然一齊大放光明，花樣百出，邁城被點綴得像幻想的國度。

5月13日　晴

今天是星期日，天氣也很好，實在應該痛快地玩一頓。

用過早餐後，鶴齡便學汽車去了，戚廷和福堂和我為著好奇心的驅使，便乘船到「印地安村」去，結果很失望，因為印地安村裡的情形實際上和貴州的苗區相差無幾，所謂印地安人，更是和中國人的相貌沒有兩樣，我真奇怪為什麼它們會被稱為「紅種」人。

從「印地安村」回來後，又到「黑人區」去看，「黑人區」是全市最貧窮的區域，街道比較小，而且不大清潔，好像是另外一個世界，這世界裡的居民全是黑人，他們除了工作和買東西以外，很少到外面來。

在這一州，黑人是很受歧視的，他們除了在自己區域內，不准進入電影院、公園、跳舞廳、禮拜堂……一類的公共場所，就是我們常游泳的海濱，也是不准去的。黑人乘公共汽車必須坐在最後面，下午八點鐘以後，如果還有黑人逗留在其他區域，便會遭受警察的嚴厲詢問。這些情形對於高唱民主的美國，實在是無情的諷刺。「黑人問題」沒有合理的解決，不但是美國社會的污點，而且是一個嚴重的政治危機。

下午我們再乘車到邁亞米濱海區，濱海區是邁亞米的風景區，那裡房子很少，大半是些私人住宅和旅館，隱藏在濃密的樹林和花中，從綠蔭叢裡，偶然也露出一角紅瓦來，清靜得除了小孩子們互相追逐發出的笑聲外，便只有小鳥們的言語了。濱海區最有味的地方，當

然還是海邊，那裡正有成千的人散在海水中和沙灘上，
海水中的是在游泳、戲水，隨著海浪的起伏跳著、叫
著，天真的表情中，充滿著生命的活力，他們的年齡從
六歲到六十歲都有，玩起來都是一樣的，我還看見一位
很有福氣的老太太，她毋需作任何運動，便可以安祥地
浮在水面，而且還背著一個三、四歲的男孩子，想必是
她的孫子吧！

　　沙灘上的人是在躺著曬太陽，坐在涼帳和椰子樹下
談心的也有，大半都是些年青的女孩子，她們曲線畢
露，顯得怪可愛地。我們才走到沙灘，便有三個金髮女
郎來找我們談話，她們大概也對「洋人」很感興趣吧！
竟伴著我們玩了一整下午，分別時還依依不捨地把電話
號碼和住址留下來，叫我們時常到她們家裡去玩。歸途
中，我想到在祖國被人辱罵的「吉甫女郎」。

　　夜間我們再去溜冰，這輕快而令人神往的運動，溜
冰的時候認識璐瑪・琴，一個美麗而可愛的小姑娘。

5 月 20 日　晴

　　十七日來了三百多俄國水兵，也是派到美國來受海軍訓練的，住在我們的樓下。那一天報上正載著新疆省回亂的消息，使我見了他們便恨，當然更不會想要和他們接近。可是經過了幾天的觀察，我的觀念是改變了！這些俄國水兵並不是我從前所想像的那種冷酷而貪惡的政治動物，相反地，他們是一群喪失了個人意志和自由的可憐蟲，他們不懂中文，英文也只會說「朋友」一個字，使我們沒有方法和他們交談，可是從行動上來看，我可以想像到他們都是些誠懇而忠實的農民和工人。他們很少說話，就是遇著很高興的事，也不過癡笑而已，但他們很愛唱歌，在所唱的各個曲子中他們對於其中某一個曲子更是百唱不厭，據一位懂俄文的同學說，那曲子的內容是：「親愛的姑娘！親愛的姑娘！」

　　他們的身材矮小（實在是出人意料外），肌肉非常發達，有幾分蠻敢的精神，今天我們和他們在海濱公園比賽了三場排球，要不是在技術上超過他們許多，恐怕很難有取勝的希望。

　　中、美、俄三國海軍同住在一個軍營裡，寢室雖然是各層分開，吃「飯」卻是混在一起，餐廳裡的規矩是「要多少拿多少，拿了便得吃完」。今天晚餐的時候，我的對面是一個俄國水兵，他大概是頂喜歡吃肉的，所以足足拿了一斤多肉絲，加上麵包、菓醬、豆子、番茄和火腿，他的盤子裡就像是座小山一樣，可是，不幸得很，他的肚子並沒有眼睛那樣餓得厲害，那座小山無論

怎樣吃，也不能完全「清算」，真把他急壞了，於是他便左右觀察，看見他右邊坐的中國水手正在側身和美國水手談話，於是我們這位勇敢的盟友便情急生智了，在共產精神的感召下，他把剩餘「物資」偷偷地讓給了那位中國水手！

　　俄國水兵無論是在軍營裡，或是出去，總是一群一群的，如果不是教官告訴我昨晚有一個俄國水兵因為單獨和他談話被軍官當場打了耳光的話，我一定還以為他們是頂喜愛集體生活的。那位俄國軍官想必是布爾希維克黨徒，他不願意部屬在美國染了「危險思想」，他希望他們保持原有的一切，不要改變一點，也許就是連他們從前在寒帶中的洗澡習慣，也希望不要改變吧！使我們雖然閉上眼睛，只要用鼻子嗅一嗅，便可以分辨是否有俄國水兵經過了。

6月3日　陰

　　仍然是上操和上英文課,這幾十天來的操練成績似乎很好,我們現在不但能夠操最整齊的隊形,而且每人都有著古銅色的皮膚,滿身豐美的肌肉,和極飽滿的精神。英文方面,由於教官的熱心和教授方法的適宜,前面幾組進步得很快,至於我們後面幾組,因為從前都是學過八、九年英文的,所以雖然是加了這一點基本英文,也算不了甚麼,四點鐘的課程,往往不到兩個鐘頭便可以唸完,教授沒有辦法,只好將餘下的時間用作討論、作文、演講、辯論和看特製的基本英文電影,倒也很有趣味。

　　上操既不費腦筋,英文又太容易,夜間沒有一件值得溫習的正課。這一段時間我如果不去青年會游泳和運動,便常是留在營房裡讀些雜書,有的時候也去看自己訓練團的電影,昨天從一個美國水手那裡買了一只夏威夷吉塔,從此晚餐以後的休息時間,又可以用作大彈其洋琵琶了。

6月17日　陰

　　邁城和西鑰群島今天在城郊陸軍醫院舉行游泳比賽，參加的單位，有海軍、海軍訓練團、海軍航空隊，陸軍和邁亞米大學。海軍訓練團的代表，由中、美、俄三國海軍選派，俄國海軍大概只宜於在北冰洋游泳，所以沒有參加。中國海軍共派代表四人，是香港五百碼自由式冠軍徐亨，重慶四百碼俯泳冠軍戚廷，橫渡九龍海峽冠軍黃學光，和重慶跳水冠軍楊顯應。

永寧艦長徐亨少校，
為游泳及排球健將。
《藝文畫報》，1946 年

　　派了這些冠軍，照理是野心很大了，不過我們並沒有那種思想，因為我們知道這是一種「力」的場合，而「力」並不是我們民族的長處（我們應該虛心地承認）。這種想像在開始比賽百碼俯泳的時候便證明了，那時黃學光正站在跳起的部位，他的個子在中國已不算小了，而且很健壯，可是他左右的選手都高他半個頭，他滿身是突出的肌肉，胸前一團黑毛。槍聲響了，浪花

飛濺中，領頭的竟是那黃色小伙子，觀眾們不禁大驚失色，他在一群蠻漢的死追下足足領了五十碼，終於被趕上了。接著是戚廷的兩百碼俯泳，結果和黃學光相同。楊顯應的跳水與祖國爭光不少，跳水是不受身材大小影響的，他終於獲得了三名。徐亨今天因公沒有參加比賽，實在是件憾事。

這次參加比賽，就一般情形說來，可以算是成績不錯，不過想到這三位代表在祖國的地位不能不令人難過。我們的身體差得太遠了！

7月1日　晴

　　半月來一直在學「船艦損傷管制」。對於這種學術，據說英美兩國海軍從前並不注意，後來在追擊俾斯麥號的時候，發現那艘德國袖珍戰艦雖然經過幾天狂炸，幾次魚雷襲擊和無數砲彈的直接命中，仍然浮在水面上繼續抵抗，沒有沉下去，覺得非常奇怪。事後詳細研究，才知道是損傷管制良好的緣故，所以到了現在，「船艦損傷管制」便成為訓練海軍的一門重要課目。

　　「船艦損傷管制」是一種學術，所以我們的訓練也是從「學」和「術」兩方面著手的。「學」的方面我要明瞭雙重底的構造，水密門的位置和性能，艦上各部位的命名，和怎樣在一部分受傷後使艦體平衡。「術」的方面我們要熟悉抽水機的運用，和塞漏的方法。要熟悉抽水機，我們得懂一點馬達的原理，要會塞漏，我們又得有一點木匠和鐵匠的手藝。這些東西雖然不難，可是要一群「練兵」在兩星期內學完，卻是夠忙的。

　　白天雖然變忙了，晚上仍然是閒著，因此，我的洋琵琶還是在彈，這玩意兒我們這一中隊現在已經有四個了，所以心血來潮的時候，大家還可以「合奏」一番，頗不寂寞。又本市女青年會因為覺得我們中國海軍甚麼都知道一點，只是不會跳舞，所以特別為我們開了一個跳舞班，由專家每週教授兩次，舞伴也是現成的，這樣一來我們無形中又多了一件事。

7月15日　晴

　　接著「船艦損傷管制」學的是槍砲，也是兩星期的
科程，「槍砲」是一種深奧的學問，兩星期當然學不了
甚麼，不過，在優良的物質環境下，我們至少對於一般
武器的運用，有了一個大概的概念。

　　槍砲課程包括二十公厘砲、四十公厘砲、三吋砲、
深水炸彈、機槍和手槍，我們學習時是著重於這些武器
的運用和實彈射擊，至於它們的原理和修理方面，據說
將來專門學槍砲的同學才會學。

　　中國水兵唐希順，因為冒本身生命危險，從海中救
起來一位七歲的女孩子，美國海軍當局特別在今天大發
獎狀。

　　俄國海軍也在學習基本英文，進度和我們的A組差
不多。

7月29日　晴

　　槍砲學過了便是學救火，救火於軍事上的重要性，凡是讀過三國演義的人一定都知道得很清楚。曹操以八十三萬的雄厚兵力南下，勢在必勝，可是因為沒有注意救火，結果在赤壁一戰，敗得不可收拾，近代戰爭由於火器的發達，艦上所用的燃料又全是油類，更易釀成火災，所以救火也更加重要，不過談到救火，一般人必定會認為只要會挑水就行了，還用得著去學？

　　但是，我們畢竟學了兩星期的救火，而且是很忙碌的兩星期。首先我們看了很多關於救火的影片，學習分辨火災的種類和各類火災的撲滅方法，然後便實際演習救火，學習救火機、救火彈和救火泡沫的運用，汽油、柴油和其他可燃物的不同撲滅方法，此外如水和泡沫應該向何種方向噴射，風的方向等都要很詳細的研究。每一種情形要演習好幾次，由教官在旁邊計時。邁亞米是在熱帶，現在又正是暑天，救火簡直就是拚命，連續幾場實習做完以後，一個個的滿身是汗、油、水和泡沫。夜間睡在床上週身發燒。

8 月 7 日　晴

　　這幾天在學船藝，船藝的範圍很廣，例如艦體結構、結繩、羅經原理、操舵板、避碰章程、救生……都要學一點，學的時候也是課堂和實習並重的，所以還能令人發生興趣。

　　可是我的心並不在船藝上，不只是因為那些東西我從前都學過，乃是由於這幾天的緊張戰局使我太興奮了。我每天看報，像讀家信一樣的寶貴，我看見琉球群島在慘烈的戰鬥下被美軍完全占領了。湘西和貴柳一帶的國軍也大規模反攻，處處皆有勝利的消息，想到戰局是進入了決定的階段，而我們正是這階段的主宰，今天報上更載著超級空中堡壘用「原子炸彈」轟炸廣島的消息，關於這種神祕炸彈的性質，報上並沒有說，而且也很難想像到，可是據稱這一顆炸彈將要毀滅廣島的全部生命。若這消息果是真的，戰爭一定會結束得早些；我也許會因此失掉參戰的機會。

　　除擔心失掉參戰機會外，我更擔心著蘇聯會向日本宣戰，使祖國遭受另外一種威脅。從四年前俄軍進軍波蘭的事實看來，這種可能性似乎很大。

8月8日　晴

　　蘇聯果然向日本宣戰了，是進軍我國東三省，這是何等卑鄙而可惡的行為！

　　早餐的時候，一個蘇聯水兵伸手向我握手，結果是很難為情地縮了回去。我會和你握手嗎？你們這些只有勇氣打落水狗的東西！

8月14日　晴

　　日本投降了！

　　大概是下午十點鐘光景，外面突然傳來震耳欲聾的氣笛聲、喇叭聲和歡呼聲，慶賀這熱望著的日子。我走出營房，街上正充滿著瘋狂的人們，擠得水洩不通，他們在叫，在跳舞，在擁抱著吻，在拚命飲酒……歡樂、縱情地歡樂。我忽然也被一個女孩子吻了，待我轉過頭來望她時，她正吻著另一個男子。後來我又遇到一個美國海軍中校，他已經醉得很厲害了，可是他還知道我是中國海軍，所以向我高呼：「我向偉大的中國致敬！中國苦戰了八年，現在終於勝利了！」

　　勝利了！是的，我們是勝利了，勝利是值得快樂的，但是它帶走了我的參戰希望！它為祖國帶來了更嚴重的問題！在這勝利之夜，我感到的只是惆悵、茫然……。

8月31日　晴

　　戰爭的結束不僅改變了整個世界的局面，而也改變了我們的訓練計劃。十四日以後，我們經過幾次連續的考試，接著分出一種所謂之「高級班」。高級班學的功課當然是比較深些，主要的是電學，如發電機和電動機的原理、同步器的原理、各種電學儀器的運用、電焊和映放電影等，因為這班的程度最高，進度當然很快，依照原有的計劃，我們還應該學數學，可是我們上了一個鐘頭的數學課，教官便發現那簡直是多餘的，於是建議主管方面把它取消了，因之我們得到了很多與各種新式電學儀器親近機會。

　　今晚邁亞米各界在濱海公園的音樂台舉行「向中國致敬」會，由前美國十四航空隊隊長陳納德將軍主持，到會的單位有市政府、邁亞米援華分會、邁亞米大學、紅十字會、教會、美國海軍、俄國海軍和我國海軍等。儀式隆重，各單位代表的致詞中，莫不對我國英勇抗戰的精神加以讚揚，希望我國從此團結努力，走上富強康樂之途，令人非常感動。這時我想到依然在兵荒馬亂中的祖國，想到貧苦不堪的同胞，想到自相殘殺中的士兵……。

　　「在和平重臨世界的今日，我們熱望受戰禍最烈的偉大中國人民早日重現和平的光輝……」。

9月6日　晴

　　這幾天是我們訓練過程中最重要的階段，我們在開始分科學習了。分科的種類有航海、槍砲、帆纜、輪機、電機、射擊、指揮、雷達、聲納、無線電、電工、信號、船工、軍需、軍醫、文書和膳務等十二科。科的派定方式不僅是根據各人的興趣和學歷，而且還用好幾類測驗來判定各人的機械知識、判斷能力和思想能力，然後決定誰應該分入那一科，最後再經過那一科的特別測驗，如果還沒有毛病，便算是分定了。基礎比較欠缺的不分科，而分為水兵與輪機兵兩類，繼續學習普通課程。

　　美國訓練當局認為這一次分科的成績非常滿意。實際上如果像我們這樣的素質還不滿意的話，世界上便不會有令人滿意的海軍了。因為在我們當中來自航海科、輪機科、電機系、造船系、經濟系、醫學院……的都有，各習所長，自然是沒有不好的。例如在聲納測驗的時候，我們中國水兵楊健所表現的聲音分辨能力，竟打破了這訓練團的歷代記錄（曾在這訓練團受訓的有巴西、智利、哥倫比亞、古巴、法國、英國、希臘、墨西哥、祕魯、俄國、烏拉圭、委內瑞納等十餘國海軍。）這當然使美方訓練當局感到驚奇，但是誰會告訴他們楊健是國立音專畢業的呢！

　　我是被派定學射擊指揮，這一科除了我自己以外，只有五個人。鳳翔是交大造船系三年級的同學，錦標是交大航海科三年級的同學，福堂是湖北八高畢業的，宗

文已經從上海電專畢業好幾年了，春鐵也在復旦大學讀
了三年。我們這六個人從前便互相認識，現在又分在一
科，相信在友誼和功課上都會有很顯著的長進。

除了分科以外，我們現在又開始了「接艦」的任
務，美國政府贈給我國的八艘軍艦，前幾天已經駛入訓
練團的港中。兩艘比較大的是護航驅逐艦，命名太康、
太平。四艘是驅潛艦，命名永寧、永勝、永順、永定。
兩艘是巡邏艦，命名永泰、永興。為了使這些軍艦順利
接過來起見，我們現在已經有八組人搬出營房，分別住
在這八艘軍艦上，不過上課仍然是在訓練團。

我們一組的同學是派到太康上面，和艦上原有的
一百多美國海兵住在一起，彼此間的情感非常融洽。

10 月 6 日　晴

　　因為射擊指揮須預先修完全部鎗砲課程,所以從分
科的那天起,我們便和學鎗砲的同學一同在鎗砲學校上
課。這幾十天學的是二十公厘砲、四十公厘砲和三吋
砲,每種分性能、射法、安全規則和修理四方面學習。
前三方面相當容易,唯有修理比較困難,因為要會修理
一種砲,必須要記住它一切機件的名稱和位置,可是僅
僅二十公厘砲一種便有大小機件四百五十八件之多,要
記住這些名稱,就非花一番苦背的功夫不可,再加上它
們的位置,當然更是困難了。不過教官是不講情面的,
他們每教完一種砲便有一次嚴格的測驗,這測驗除了
五十個左右的小題目外,我們還要能夠單獨地將那種砲
迅速拆下來,再迅速而正確地裝上去,教官在砲上做出
種種故障以後也要能夠立刻修好。

　　我也許永遠忘不了二十公厘砲的測驗,二十公厘砲
是高射砲中最簡單的一種,也是我們最初學的一種,所
以大家都希望在這次測驗中有著較好的表現,在舉行
測驗的前幾天,戚廷和我不但苦苦地背熟了它一切機
件的名稱,而且還開夜車把它反復拆裝過好幾次。到
了那天,筆試的成績果然不錯,拆裝的時候我倆又是
同弄一門砲,所以更是高興非常。我們很快地將它的
四百五十八件機件拆了下來,請教官看了一下以後,又
在十分鐘以內裝了上去,然後再報告教官。滿心以為他
一定會獎勵幾句,並且每人給四分(美國海軍中的全分
數)。可是沒有想到他來了以後竟不慌不忙從口袋拿出

一根小彈簧來，說那根彈簧是我們砲上的，天啦！誰會料到他竟會將那件小東西偷去！

　　上課，拆砲和測驗都是枯燥的，不過學鎗砲也有最生動的一面，這一面就是實彈射擊。在射擊之前，我們必須做幾種準備工作。這工作在三吋砲和四十公厘砲是用特種裝填機作裝彈練習，使我們熟悉各種射擊步驟，射擊部位和命令。練習的時候由每人輪流擔任砲長、瞄準器調整手、俯仰手、旋轉手、定信手、彈殼手和第一、第二與第三裝彈手反復練習，直到整個砲隊成為一精練的有效作戰單位為止。在練習三吋砲裝彈的過程中，我們曾花了一根手指的代價，換得訓練團的最高記錄。二十公厘砲的準備工作是練習瞄準，因為二十公厘能夠轉動靈活，旋轉三百六十度，上仰九十度、下俯十五度，每分鐘發射砲彈四百五十發，所以是對付俯衝轟炸機和魚雷機的最有效高射砲，它的射擊準確度往往可以決定一艘軍艦甚至於一次戰役的命運。要射擊準備，必須詳細研究各種飛機進襲角、速度、風向和射程來決定當時應該採取的導角，然後每人射擊數萬發，以便將那種研究付諸實用，直至獲得所期望的命中率為止。不過每人射擊數萬發砲彈，就是富足的美國也擔負不了，所以他們便藉助於另外一種練習方法來達到同樣的效果。這方法是把我們關在一所暗室裡面，暗室的前方是一塊白幕，對著白幕的是一座特製二十公厘砲，暗室的後方是一間機房，機房和白幕的背後都是不准我們去看的，教官叫我們輪流上去練習，練習的時候，我戴上一副特製的眼鏡，走到砲位，用帆布帶將自己緊緊繫

在砲上，然後打開保險機，把食指放在扳機上。當教官打開電鑰的時候，我立刻看見眼前是一片晴朗的天空，接著便聽到遠遠地傳來一架飛機的聲音，它終於在雲彩中出現了，我於是瞄準它，待它進入我的有效射程以內時，便開始射擊，我看見一串自己射出的砲彈穿過空中射到它的近旁，這時我再根據觀測作各種必要的修正，漸漸地我終於射中了它，它著了火，又發出尖銳的叫聲，但它終於狼狽地逃掉了，我的心跳得很利害，是快樂和緊張的節奏。這時另外一架飛機又在開始，向我進攻了，它飛得更快，是採用一種不同的轟炸方式……。練習完了以後，我看看砲側的表，知道自己一共射了三千多發砲彈，其中只有一百多發中了飛機。我們就是這樣練習的，一天練習完了，第二天再去，每天都有著新的記錄，直到我們最後達到每射五顆砲彈便會有一顆命中的時候，教官才宣布練習終止。

　　練習終止了便開始實彈射擊，這當然是更緊張而有趣的經驗。在隆隆的砲聲中教官宣布目標被擊中的時候，我只有一種思想，就是將來祖國再遭受侵略的時候，我已經有叫敵人在我的砲火下付出代價的力量了。

11 月 8 日　晴

今天是槍砲總考的日子，但我卻起床得很遲（直到廣播器傳來起床笛的時後才起床）。因為我知道像這樣的場合，緊張也沒有用，那麼厚幾本書，要溫習也不知道從哪兒溫起，臨時抱腦殼，反而弄得頭昏腦脹的，倒不如散散步，清醒清醒一下腦筋為妙。所以我吃了點牛乳、蘋果和夾心麵包以後，便拿著《聖經》和前幾天莉從祖國寄來的那本小詩，走到碼頭側面安閒地坐在株椰樹子下，面對著海和海際正在上升中的金色太陽，享受我這最恬靜安閒的一刻。

在人生的過程中，恬靜的時間究竟是很有限的，尤其是我們軍人，考試的時間很快便到了，我走進教室，教室裡正充滿著嚴肅的空氣，桌上已經有一份卷子在等著我了。卷子足足有一本小冊子那麼厚，裡面的問題是按各種砲、機槍、手槍、深水炸彈、水雷和一般槍砲原理分類的，問題並不難，只要平時上課和實習時用點心，下課時花幾分呆記功夫，便不會錯了，不過問題一共有一百個，平均差不多要一分鐘做一個題目，倒是非常緊張的，考試的時候，汗珠像雨點般地從頭上下來。（我們是在熱帶呀！）

下午，學槍砲的同學們乘船到海上去了，據說是作黃昏和黑夜射擊演習，明天早晨才會回港。留在槍砲學校裡的只有我們六個學射擊指揮的同學，開始學另外一種課程，我希望也相信這是最有興趣的一種。

　「孩子們！從這一刻起，我要教你們另外一種學術，一種很寶貴而有趣的學術。我要你們在最短期間內學最多的東西！」老教官上課了。

　「因為戰爭已經結束了，海軍訓練團也奉到命令早日結束。俄國海軍方面，由於他們學得太慢，現在還沒有分科，我們準備再等十幾天便送他們回去。至於你們中國海軍，我們很明瞭你們是一個新海軍的誕生，你們熱望著學習而且學得很好，為了不使你們失望，我們決定讓你們修完全部預定的課程，這意思不是說訓練團會遲點結束，而是你們要快點學。在未來的兩個禮拜中，你們要學外彈道學、射擊指揮原理、指揮儀原理和測程儀、算程儀、目標指定器與艦上一切射擊指揮電路的原理及修理。這些都不簡單，但是你們必定能夠在這短期間內學完。因為在槍砲學校裡，我們有供給幾百人研究的儀器，有十多位教官，和世界上最新的射擊指揮書籍，這一切現在都會用於教你們六個人，孩子們！我要使你們成為最忙碌而最幸運的人……。」

11 月 22 日　晴

今天是「感恩節」，感激神！我們終於像老教官所期望地在預定的期間內完成了所規定的課程，並且六個人的總平均分數中最低的也有三點八分。

下午六點鐘，老教官宣布我們畢業了，他把成績單發給了我們，又贈給我們一些槍砲書，叫我們在軍艦上繼續學習。他很留戀地把我們送到校門口，伸出那又大又粗的手來，和我們握別，很感動地說：「孩子們！我為中國海軍感到驕傲」。

離開了槍砲學校，我匆匆地回到太康軍艦，艦上正在開晚餐，今天的晚餐大概是豐盛的，因為在美國，感恩節照例要吃火雞。可是火雞今天不能夠再引起我的興趣了，我所需要的是睡眠，半月來的反常生活實在太令人倦疲了，我躺上床後，不久便呼呼地入了睡鄉。

11 月 25 日　晴

　　槍砲學校既經結束，其他的學校當然也結束了，從
這些學校裡畢業出來的中國學生，只經過兩天的忙碌，
便將美國所贈送的八艘軍艦完全接了過來。現在她們正
整齊地排在港中，很像一支精銳的小型艦隊，這艦隊
的旗艦是太康號，她正排在右前方，後面跟著永勝、永
順和永泰。太康的左邊是她的姊妹艦太平，太平的後面
跟著永定、永寧和永興。她們都懸掛著祖國的旗幟，迎
著墨西哥灣吹來的和風飄揚。軍艦是灰色的，軍艦的四
周正蕩漾著藍色的海水，國旗是鮮紅的，國旗的背後是
蔚藍色的天空和椰樹叢生的碧岸，再加上幾隻白色的海
鷗，真是一幅嚴肅而美麗的圖畫，中國的新海軍便誕生
在這一幅嚴肅且美麗的圖畫中。

　　軍艦雖已接了過來，訓練卻沒有因此終止，因為要
使軍艦發揮她的威力，必須要使人能夠徹底明瞭軍艦，
軍艦能夠完全供人使用，換句話說，就是軍艦和人要合
為一體。要達到這個目的，必須要經過相當時期的實習
階段，所以從現在起，我們會在美國沿海一帶航行實習
半年。訓練團方面特別派了幾位教官到艦上來，負責在
這時期內訓練我們。

　　當然我們現在都已經派定了軍艦，階級和職務。我
們六個學射擊指揮的，三個派到太康，三個派到太平，
是因為只有這兩艘比較大的軍艦上才有射擊指揮儀器的
緣故。派到太康的是錦標、鳳翔和我三個人，錦標是射
擊指揮上等兵，鳳祥是射擊指揮下士，我是射擊指揮中

士,這些階級,在祖國一定是要當勤務兵的,可是在這裡,我們被派定的工作卻是負責測程儀、算程儀、目標指定器、瞄準器、電放器、指示器、電路和二十幾部電話機與十三個彈藥庫內的五萬六千多發大小砲彈和深水炸彈。在儀器方面,我們要負責他們的運用、保管、修理和清潔,在彈藥方面,我們更須要每天檢查它們的溫度、濕度和通風與充水設置,因為我們知道,只要任何一顆砲彈或是小小雷管的爆炸,便足以使全艦人員粉身碎骨。除了這些特別負責的職務外,軍艦泊在港中的時候,我們要值梯口更,軍艦航行在海上的時候,我們又要值砲位更,這些更都是無分晝夜輪流值換的。此外,我又兼第二門主砲的砲長,須要經常抽點時間來訓練砲兵。

從這些派定的繁重工作看來,無疑地現在又是一個新忙碌階段的開始,但是我並不厭煩這種忙碌的生活,這不僅是已經習慣了的緣故,同時也是因為我想到了和我們一同受訓的俄國海軍,他們今天早晨已經上了火車,據說是到紐約候船回國的。要是我們也是這樣空空地回去,我當是何等難過?何等失望?想到他們,我覺得自己現在能夠做這些工作,實在是莫大的幸運。

12 月 17 日

　　天還沒有亮，我們便站了「進出港部位」，接著八艘軍艦便魚貫地駛出了邁亞米的港口，進入一望無際的海中。今天是我們這一週來的第七次出海實習，據說這一次實習和前幾次不同，因為它不再是早出晚歸了，而是要在海上航行兩天兩夜才會回港。

　　上午演習「船陣變換」、「救生」、「傳遞郵件」、「救火」和「海上加油」。下午一點鐘的光景「備戰」，我們隨著「備戰」警報跑到砲位，脫下砲衣，拿出彈藥，戴上電話機和鋼胄。這時，天際已發現「敵機」了，它是一只直徑約一呎多的圓長紅靶，由一架飛機拖著，向我們「進襲」。它的目標首先當然是我們旗艦太康號，它第一次飛過艦頂的時候，並沒有投彈的企圖，我們也只向它瞄準而已，待它第二次「進襲」，才開始向它射擊，這一次砲彈雖射到它的附近，卻沒有將它擊中，所以它又「愴惶逸去」了。但是它在天際繞了一個圈以後，又向我們飛了過來，於是我們又向它射擊，而且是全艦的九門二十公厘砲、兩門四十公厘砲和三門三吋砲同時向它猛烈射擊。在密集的砲火下它終於被我們擊成兩段，飄飄墜向海中，一時全艦的歡呼聲比海濤的聲音還要洪亮，一架被擊落了以後，另一架「敵機」又出現了，它的目標是太平軍艦，它也是在第三次「進襲」的時候被擊落的。接著太平的是永勝、永順、永定、永泰、永興和永寧，她們因為火力較弱的緣故，雖然沒有將「敵機」全部擊落，表現的

成績卻非常不錯，三點鐘「解除備戰」，我們從緊張中解放了出來。

　　四點鐘再度「備戰」，這一次的對象不是「敵機」，而是一艘「敵艦」，它有小火輪那麼大，以每時約十浬的速率從我們艦隊右側三千碼的海面駛過，結果遭受了我們八艘軍艦的輪流「追擊」。五點半鐘「解除備戰」，拖「敵艦」的那艘船有無線電話來，說我們這次射擊的命中率是三分之一，比較前幾次進步了許多。

　　經過整天連串的演習，黃昏，也許是水手生活中最美麗的一刻了。用過晚餐以後，甲板上到處是一堆堆的人，三五成群地談著、笑著，或是圍成一團唱歌。記得我們這些大學生在祖國的時候都是「頂喜歡唱洋歌的」，好像只有那些歌才有音樂價值，也只有唱那些歌才不失身分，但現在我們唱的卻是「義勇軍進行曲」、「玉門出塞」、「鋤頭歌」、「張大嫂」……而且唱得很起勁，參加唱的人越來越多，唱的一聲比一聲宏亮。艦尾也有釣魚的，軍艦這樣大，這樣快，難道還有魚會吃餌嗎？但是，他們竟釣著了好幾尾大魚！

　　晚上，正在熟睡的時候，彷彿有人又在叫「備戰」，心想一定是晝間興奮過度的人在說夢話了，可是仔細一聽，不對！是播音機內傳來的。於是立刻跳下床穿了衣服，匆匆跑到砲位，砲手們已有一部分早我到了那裡，他們正在脫砲衣。我於是從電話中問鎗砲官，他說是利用雷達練習夜戰，命令快準備照明彈，瞄準用對準箭頭法。我看看外面，天上雖依稀的有幾點星光，海面卻是一片漆黑，除了自己這艘軍艦外，鬼影子都

沒有一個。再看看砲上的指示器，箭頭已在移動了，我立刻命令俯仰手和旋轉手對準各人的箭頭，這時電話機內傳來！

「射程八五〇〇，八五〇〇！偏差五八〇，五八〇！信管一二，一二！裝彈藥」！

瞄準器調整手依令置妥了瞄準器，定信手和裝彈手也依令裝入了砲彈，並且向鎗砲官報告了之後，便聽到「開砲」的命令，接著轟然一聲，我們射出了三顆照明彈，經過十二秒鐘，它們爆裂了，造成三顆燦爛的光亮，徐徐下降。在他們的照耀下，我們發現了自己是在射擊甚麼──太平軍艦。但這種成功並不是我們所專有的，因為不到一分鐘我們的上空也發現了三個極光亮的東西，光輝四射，照得滿艦通明。隨後其他的六艘軍艦也一艘一艘地被對方顯露出來。天空頓時增添了幾十顆明亮的星星，光耀奪目。讚美星夜的詩人們！你們也喜愛這樣的夜景麼？

1946 年

1946 年 1 月 2 日　陰

　　航海實習的時間是逐漸增長的。最初是清晨出海，黃昏歸港，然後便是在海上度夜，再進一步則是在海上連續地航行兩三天，到現在我們已經進步到可以作更長距離一點的航行了，所以今天下午我們終於離開了邁城，向古巴進發。

　　送行的人很少，多半是些是政府和海軍當局的代表。實際上如果他們不來送行，我一定以為是平常的出海，二、三天便會回來的，要不然我一定會到雅太太和璐瑪・琴那裡去辭行。雅太太是位慈祥的老婦人，半年來，她沒有一個禮拜天不親自駕著汽車來接我到教堂去作禮拜和到她家裡去度安息日，她對我就像是母親一樣。璐瑪・琴是一位十二歲的小女孩子，非常伶俐可愛，她愛溜冰，是我的溜冰教授，她也愛唱歌，中國國歌和義勇軍進行曲的英文詞，便是她教我的，她更愛聽故事，一段聊齋誌異，往往能換取她唱好幾個歌的代價。……但現在這一切都成了過去。我眼望著水平線吞沒了邁城和那美麗的風景，也吞沒了我一段令人留戀的生活。那老教官又粗又大的手，那老太太慈祥的表情和那小姑娘黃金色發亮的辮子，從此只能永遠在記憶中追尋了！

　　再會吧！邁城！

1月5日　晴

　　在光亮存在的地方，便不會沒有蔭影，航海是一件可以稱頌的事業，但它免不了有陰暗的一面。我不能像冰心女士，只讚揚海的美麗，歌頌航海者。我要將這幾天所體會到的陰暗一面忠實地記下來，我要慎重地對立志航海的青年們說：「到海上來吧！朋友，要是你有和海洋鬥爭的勇氣」。

　　離開邁城的那天晚上，我們的艦隊進入了渺無邊際的驚濤駭浪中，沒有星光，也沒有月光。海，像黑色的女巫在咆哮中，顯露著猙獰的面孔。風和浪在搏鬥中，發出恐怖的聲音，軍艦像爛泥裡的醉人，搖搖欲墜地向前狂奔著，甲板上滿是海水，浪花飛上了駕駛台和桅桿。在這個時候，值更的人當然是命最苦的。如果你是值輪機更的，當然你是在機艙裡面，為了防備海水的緣故，機艙的門是關著的，你在裡面會感到悶、熱，那濃厚的柴油味，和震耳欲聾的機器聲，會使你加倍昏眩。你不能坐，必須站著，一手扶著鐵架，使你不致於倒入每秒旋轉四百多次的機器裡，另外一隻手你必須提一個小桶，準備隨時將你日間所吃的東西，「原物退還」到它裡面去。你也許很討厭這種姿勢，但是，朋友！你必需這樣地忍耐四個鐘頭。直到另外一位不幸的同志負起你的十字架為止。

　　那麼你一定是喜歡值航海、信號、雷達、無線電、聲納，瞭望這一類的更了。你當然是在駕駛台上，那裡有新鮮的空氣，沒有煩厭的機器聲，你一定會舒服許

多。但是，朋友！你上駕駛台去接更之前，可別忘了帶一只比值輪機更者大一點的桶子，因為那裡是全艦最高的地方，你除了軍艦每顛簸一次行要隨著上下幾丈以外，軍艦每搖擺一次的時候，你還要隨著在空中畫一個幾丈長的弧。所以你一定會嘔吐得更利害些，你需要比較大一點的桶去裝那些吐出來的東西。你也許很聰明，認為不吃東西便可以不吐了，不過，朋友！你千萬別那樣想，因為你雖不吃東西，胃酸總是會有的，到了你僅只有胃酸可吐的時候，你會深深地感到懊悔。

　　要不然你一定是頂喜歡值鎗砲更了。在戰時巡洋的狀態下，軍艦上有三分之一的砲，無論何時都有人守衛著，使他們能在發現敵艦後的一分鐘內，便可以給敵人以致命的打擊。砲座的位置比駕駛台低也沒有機艙那麼悶熱，你一定認為是兩得其所了。但是，朋友！你得戴上電話機和沉重的鋼胄，要是你有風鏡的話，不妨也將它戴上，因為這裡的風很大，它可以刺激你的皮膚像刀割一樣的痛，敏銳的眼睛少了這一種保護，說不定會紅腫起來的。還有你一定要穿上雨衣，無論是不是下雨，你都得那樣，因為這裡的浪花比雨還要大，沒有雨衣，不到一分鐘你便會和落湯雞沒有兩樣。你必須嚴肅地站在砲側，望著漆黑的海，聽著怒濤的聲音，呼吸著帶有鹹味的空氣，你的臉上滿是油、鹽和水，你的頭感到沉重、昏眩，你很自然地嘔吐了起來。

　　若是你是一位很幸福的人，你這時一定是不在值更了，不值更的人在晝間是有規定的事要做的，做起那些事來，和值更也差不多。那麼就假定是在夜間吧？既是

夜間，又不值更，你當然可以安閒地睡在床上，但是，你可別忘了用繩子將自己繫住，要不然，你一定會要跌傷的。船搖盪得很利害，你當然是睡不著，不過你一定要使自己多多休息，因為在機艙裡，在駕駛台上，和在砲位的守衛者，此刻正在禱告，他們禱告時間過快一點，好將你從床上拖下來，去代替他們的職務。

一天、二天、三天，你的身體既得不到充分的休息，又不能從食物中得利絲毫的營養。在你的思想中是充滿著責任和疲乏的劇烈鬥爭，於是你開始消瘦了，你熱望著陸地的出現……。

我們就是在這種情緒中到達古巴的。艦隊今天上午十點鐘駛入關特納摩港（Guantanamo Bay），各艦泊定了以後，我便跳上了陸地，和戚廷、福堂跑到山邊蔭涼的草地上坐著談天，啊！陸地，可愛的陸地。

1 月 13 日　晴

　　來關特納摩港後，依然是經常出海作航行實習，直到昨天我們的軍艦入塢，作一年一度的例行修理，這種實習才暫時告一段落。我們的工作也從此輕鬆了些，上午我將彈藥庫和各種射擊指揮儀器檢查過一遍，下午便邀鳳翔和文貴到岸上去玩。

　　關特納摩港是美國南大西洋最大的海軍根據地，水深港闊，可以容納世界上最強大地艦隊，港灣四周幾十哩以內完全屬於軍區，和外面的界線很分明，自成一個世界，這裡有碼頭、船塢、修械場、飛機場、彈藥庫、電台、氣象台、防空訓練處、陸戰隊留守處等一類的軍事設備，也有圖書館、禮拜堂、醫院、俱樂部、游泳池、電影院、餐廳、跑馬場，使軍人在裡面不但有求知的機會，而且還可以享受一切正當的娛樂，真是一個很理想的軍區。

　　我們最初很想把軍區的每個地方都看看，可是那簡直不可能，軍區既然那麼大，天氣這樣熱，一個下午當然沒有辦法跑遍各處。於是我們便到海軍俱樂部去，打了兩個鐘頭的網球，便去游泳，玩得非常痛快，事後又飽食了一餐中國飯，才踏著月色緩步回到了船塢，看自己艦上的電影。

1月30日　晴

　　我們的軍艦仍然在船塢中修理，修理期間上午雖然照例有事做，下午卻往往是空閒著的，這一來真使我愜意極了。最初幾天，我每天下午都到岸上去游泳、打網球、騎馬，但是到了認識很多美國海軍朋友以後，我便不再常到岸上去了，而是去拜訪他們的軍艦。這一方面當然是玩，更重要的卻是要開開眼界，學學新東西。從他們的介紹中，我很順利地參觀了幾艘驅逐艦、巡洋艦和航空母艦羅斯福號，而且每艘軍艦上都去了兩次，以便多明瞭一點她們的情形。

　　今天下午我更幸運地參觀了戰鬥艦密蘇里號。帶我去參觀這四萬五千噸海上干城的是利勒‧西門，他是一個快樂而健談的青年伙子，沿途告訴了我很多在琉球群島作戰，和東京灣內日本代表來密蘇里艦上向同盟國簽降的情形。他還沒有說完，我們便已到了艦上，首先去看的當然是日本簽降的地點，在簽降處的那塊甲板上，現在已經有了一塊圓形銅板，上面刻著：

U. S. S. MISSOURI

OVER THIS SPOT ON 2 SEPTEMBER 1945 THE
INSTRUMENT OF FORMAL SURRENDER OF
JAPAN TO THE ALLIED POWERS WAS SIGNED
THUS BRINGING TO A CLOSE THE SECOND
WORLD WAR
THE SHIP AT THAT TIME WAS AT ANCHOR
IN TOKYO BAY

LATITUDE 35° 21' 17" NORTH

LONGITUDE 139° 45' 36" EAST

　　簽降處的壁上另有一塊方形銅板，上面刻著各同盟國代表的名字，第一是盟軍統帥麥克亞瑟，第二是美國代表尼米茲，第三是中國代表徐永昌，第四是英國代表福來塞，第五是俄國⋯⋯。

　　看完了簽降地點以後，便參觀主砲塔。關於十六吋砲，我雖然在鎗砲學校學了一點，知道它的砲筒由六層鋼套造成，內徑十六吋，外徑四十五吋，長八百吋，重九十六噸，能夠把一噸重的砲彈準確地射到三萬六千碼之外，⋯⋯。但親眼看著它，研究它，今天還是第一次呢！它那種雄壯的外貌和精細的內部，真使我感到無限地羨慕和驚嘆。

　　在艦上用過晚餐，並且約定了與西門明天再見以後，便離開了那艘全世界最大的軍艦，匆匆回到太康。

　　這夜我思想得很多，長久不能入睡。

2月13日　晴

　　早餐後，本艦的鎗砲人員乘車到防空訓練處，作更進一步的高射砲射擊演習。我之所以用「更進一步」四個字，是因為這一次射擊的目標，既不是鎗砲學校所用的銀幕現出來的飛機，也不是在海上飛機拖著的紅色飛靶，而是真正的飛機。

　　這種飛機便是我們久已聞名的「無駕駛員飛機」，它不過只有六呎長，七呎寬的光景，輕得可以由一個人拿起來，裡面配有一副精巧的無線電接收器和一副小發動機。它是由射出機射到空中的，射出以後便可以由地面上的一處控制臺操縱它的一切行動，使它作水平飛行，盤旋、俯衝……等各種不同的飛行姿式，讓砲手們熟悉這些姿式的射擊方式。當它被擊傷的時候，它會自動地打開降落傘，徐徐降落下來。

　　我們今天一共擊落了四架「無駕駛員飛機」。想到這樣小的飛機尚且要擊落下來，其他的當然是可想而知了，心裡不免感到幾分高興。可是防空訓練處的負責人卻說這數目未免太小，叫我們以後還要到他們那裡去，多多訓練。

3月6日　雨

　　軍艦出塢後，接著便是一連串地航行實習。今晨又照例出海，六艘永字號的軍艦是演習佈雷和掃雷，太康和太平是演習與潛水艇作戰。

　　既是演習與潛水艇作戰，當然不是只有我們兩艘護航驅逐艦所能辦到的，所以美國方面特別派了兩艘潛水艇和我們聯合演習。演習開始的時候，我們從無線電話裡收到一架飛機的報告，說在ＸＸ海面和ＸＸ海面發現敵人潛艇，於是我們兩艘軍艦便分別趕到那兩個地點。當然我們趕到那裡以後並沒有看見甚麼。追逐潛水艇好似捉迷藏，眼睛是沒有用處的，有用的還是耳朵，所以司聲納的士兵這時是最重要了，他們安靜地坐在一間小房子裡面，細聽著收到的各種微弱的音波，然後從那些音波中分辨出來何者是海底岩石，何者是一條大魚，何者又是可能在瞬息間毀滅我們軍艦的潛水艇。這些音波的分別很小，但他們竟能夠辨別，而且測出了潛水艇的方位和距離，於是我們將船開過去，向測得的位置投射「深水炸彈」。可是並沒有炸中它，這當然是第一次測得的位置不大正確，所以再測，待加上各種必要的修正以後，又投出一群「深水炸彈」，果然，不到五分鐘，海面上現出了綠色的一塊，這表示太康從此明符其實的驅逐艦了。

3月28日　晴

　　回國的日期一天一天地接近了，「回國」這兩個字對於在異國的人們，不但是像美妙的音樂那般動聽，而且像興奮劑一般地使我們更努力工作，更極力地利用每一個只能在這裡獲得學習的機會。

　　實習和訓練目前雖沒有完全結束，但我們已開始回國的準備了，準備中最重要的當然是清潔工作，這工作不是每天例行的洗擦，而是要使這八艘軍艦煥然一新。因為她們正如幾位即將出嫁的小姐一樣，在出嫁之前，是要打扮得很美麗，很動人的。美國是個闊綽的家庭，嫁女兒當然少不了有豐富的嫁粧，所以他現在不但給各艦都裝滿了油料、彈藥和糧食，而且還派了一艘一萬四千噸的油船 Maumee 號送親，油船上裝載著八艘軍艦所需要的一切補給品，據說這油船也是嫁粧之一。

　　軍艦在回國之前需要準備，我們個人方面在回國之前也免不了有幾件要做的事，例如我們必需買點紀念品，待回國後送給親戚和朋友們。同時我們必須積極地學些西班牙文和研究研究古巴、巴拿馬與墨西哥的歷史和地理，因為我們歸國途中會經過這些國家，能懂一些他們的文字和他們國家的情形，一定能夠多表示一點我們對他們的關懷和友誼，不失掉我們訪問這些國家的意義。

已轉入中華民國海軍服務的峨嵋艦。《聯合畫報》，
1947。

據駐美艦隊指揮部林兼指揮官遵電稱，職與美海部
商定八艦返國航路如次：四月六日至七日泊聖地牙
各，十一日至十三日泊哈飛那，十八日至二十三日
泊巴拿馬，三十日至五月三日泊墨西哥之阿卡浦耳
科，十九日至檀香山，暫不航行，由美太平洋艦隊
總司令決定。職意經過東京，駛北線航路，比南經
菲列濱之路，短少一千餘海里。值茲風季開始，似
以北線為佳，擬請飭駐東京代表，徵求麥帥同意等
情。查該指揮官所擬航路既短捷且安全，似可予以
照辦，懇請鈞座電詢麥帥同意，俾定航線。當否，
請核示。

「陳誠呈蔣中正謂林遵與美國海軍部商定返國航路
請飭代表徵求麥克阿瑟同意」，1946 年 4 月 18 日，
〈革命文獻──對美外交：軍事部分〉，《蔣中正總
統文物》，國史館藏，數位典藏號：002-020400-00044-
056。

4月6日　晴

　　昨晚值了四個鐘頭的夜更，照例今晨我有遲起床的
特權，可是天還沒有亮，甲板上便有人在叫喊了，接著
便是一陣嘈雜的聲音，而且還有人在艙面上跑來跑去。
我被他們這樣一鬧，再也睡不著了，煩燥地翻了幾次
身，又將枕頭緊緊蒙在頭上，可是仍然睡不了，於是只
得起來。

　　走到艙面上的時會，船已經出海了，八艘銀白色的
軍艦，正浴著晨曦，整隊向著日出的方向前進。太康在
前面，她不但掛了所有的旗子，而且還掛了一面百來呎
長的「回國旒」，從桅頂牽到船尾，在海風中左右飛擺
著，天空中正有幾架美國飛機，在來回盤旋著，飛出種
種送別的姿式，這一切似乎在告訴我們說：「今天正是
你所等待著的日子！」

　　回國途中我們第一個要訪問的都市是古巴東海岸的
聖地雅各城。聖城去關特納摩港不遠，只有五小時的航
程艦隊到達的時候，已有二十多艘汽艇在等候了，上面
載著古巴政府的代表及華僑代表，他「她」們熱烈地
揮舞著手中的中、古兩國國旗，軍樂隊高奏著中、古兩
國國樂，孩子們在歡呼、放砲竹、衝天砲。領港也上來
了，我們在和港口砲臺交換二十一響禮砲的過程中，魚
貫地駛進了聖港。

　　軍艦泊定了以後，老艦長們要拜訪古國軍政領袖和
僑團，忙著握手，贊揚兩國友誼，談天氣好，和接見記
者……。年青的水手們卻是兩樣了，他們穿著最整潔的

白制服，唱著，笑著，快樂地跑到聖城的每一角落。

　　古巴總統特定今天為「中國友誼日」，通令聖城各界放假一天。所以我們走到街上，到處都受人歡迎，只要你稍微站住一下，便會被一群人團團圍住，自從盤古開天地以來，古巴人民還是第一次看見中國軍人；八年抗戰終於獲得勝利，更使他們對中國兵有一種神祕和敬仰的感覺，怪不得他們對於我們有那種好奇而友善的表示了。可是我很想看看這個城市情形，遊遊名勝，到各處溜達溜達，要是老被他們圍著，豈不糟了，於是我便設法離開了這可親的一群。

　　對於聖城的地理情形，我當然很生疏，使我不得不發明一種新遊歷方法，這方法就是搭上電車，隨便它把我帶到甚麼地方，只要覺得那裡有趣，便在那裡下車，玩了一頓後又爬上駛向另一方向的車輛。這方法果然很成功，我畢竟到了不少著名的地點。

　　晚上，聖城各界歡迎中國海軍的宴會很多，但我記得的卻只有國民黨部一處。說到國民黨部，這裡的居民沒有一個不知道，因為它是設在市區中心的最高一層樓上，長年飄揚著中國的國旗。我進入黨部的時候，歡迎會已經開始了，是一個盛大的跳舞會，樂隊正奏著熱情的西班牙音樂，中國的海軍官兵正摟著他們美麗舞伴的柳腰，在隨著音樂的節奏狂舞著，燈光暗淡，空氣中充滿濃厚的香氣，一群無人伴舞的年青姑娘們，在和著音樂悠然地唱著情歌，婉轉動人，我幾疑已置身幻境。

　　我於是坐下來，欣賞跳舞的人，他們的舞步都很純熟，有點紳士風度，那一身中國海軍的制服，不但沒有

降低他們的身分，反而將他們顯得更加瀟灑。她們都穿著華麗的夜禮服，現出幾分高貴的神采，柔細的秀髮披在肩上，隨著舞伴在擺著、轉著，她們的眸子閃閃發光，唇邊永遠浮著一絲微笑，婀娜的身子，正擺動著美妙而富誘惑性的姿式，疲倦而又撒嬌似地靠著他們，現出很熱情的樣子。

　　我沒有準備跳舞，我想到莉，如果她知道我和這些多情的熱帶姑娘跳舞，準會難過的，所以我始終是坐在那裡看。但是，奇怪，我竟然看見莉自己在跳舞了，她的舞伴是永定軍艦上的一位軍官，不是她麼？怎樣會有那副又黑又大的眼睛呢？而且還有著那種甜蜜的微笑？我感到幾分彷彿了，目不轉睛地望著她，她似乎也發現了我的注視，頻頻地朝我這邊望，她越看越像莉，我開始對那位軍官嫉妒了起來，為了不願意看她和他跳舞的緣故，我離開了正廳，獨自走到走廊裡，倚著欄杆，欣賞聖城的夜景和瀉在海上的月光。

　　這時，我感到有一隻手輕輕地搭在我的肩上，接著便聽到金鈴般的聲音說：「¿ Que le pasa señor？」

　　我轉過頭來，啊！是她，她笑得像一朵玫瑰，她那脈脈含情的眼光和莉的一樣溫存，她使我憶起了兩年前一個夏天晚上……不過我並沒有兩年前那樣勇敢，我只是很感激地用生硬不堪的西班牙文回答她說：「謝謝妳！沒有甚麼。」

　　我們開始倚欄談話了，她告訴我她叫做安娜，是一個富足華僑和一個西班牙貴婦的女兒，她正高中讀書，希望畢業以後能回到祖國去。她很喜愛祖國的海軍。

……我們談得很吃力，她只能說十幾個我聽懂的中國字，我的西班牙文也不過是兩月來偷閒學來的一點，所以我們大半的時間都是彼此望著笑笑。夜漸漸深了，海風陣陣地吹動著她的頭髮，拂著她的單薄衣裳，她似乎有幾分涼意了，於是我們一同回正廳。那時安娜的父親和母親正在正廳裡找她，看見我們從外面抱著腰走進來，只笑了一下，一句話也不說，便做手勢催我們快去跳舞。

於是我們便加入了那著魔的一群，隨著急促的音樂舞著、轉著，我們遺忘了幾個鐘頭便會永遠地訣別，我們只願意利用這美麗而消魂的一刻，盡情地歡樂。安娜是活潑且頑皮的孩子，她會故意地踏我幾腳，然後用笑容和眼光來補償那種損失使我恨不得請再來踐踏，她又在我的肩上弄了許多口紅印，說是要留作紀念……。

跳舞會在早晨兩點鐘時終於結束了，安娜緊握著我的手，凝視了半向，才說聲「¡ Hasta mañana！（明天見）」，進汽車。我望著她的汽車在冷靜的街頭消逝後，才匆匆走回艦。回艦以後，躺在床上似乎還隱隱約約地聽到那金鈴般的聲音和熱情的古巴音樂。

4月8日　陰

　　昨日上午是我國海軍登陸遊行，下午招待古巴人民和僑胞來艦參觀，夜間仍是參加國民黨部的跳舞會，情形和前夜相同。

　　艦隊今晨離開聖城，起航前送行的人很多，安娜和她的父親也在裡面，她非常沉默，紅潤著眼睛，癡癡地望著我，直到軍艦徐徐地開動的時候，才猛然回身過去將頭埋入她父親的懷裡，我當時真難受極了，痛責自己不該不負責任地接受別人情感，可是責備已是太遲了，我只有低唱著「偶然」的曲子。

　　艦隊開向次一目的地──古巴首都夏灣拿──進發了，海上沒有風浪，也沒有陽光，馬達聲單調而沉重地響著，人們在深思之中。

4 月 11 日　晴

清晨抵夏灣拿，進港時歡迎的情形，除了人數更多更熱烈外，和聖城沒有兩樣。

在歡迎的各團體中我最感興趣的要算是華僑音樂隊和三民主義青年團了。樂隊的隊員們是穿的藍色制服，鑲著金邊，隊長是一位身材健美，風度很好的女孩子，穿著像民國初年總司令們一樣的服裝，威風凜凜，這樂隊能奏祖國流行的抗戰歌曲，並且奏得很好。團員們穿的是白色制服，胸前印著一塊一尺見方的鮮紅的團徽，這在祖國一定會有人說是俗不可耐了，但在異國卻是很神氣的，團員中也有黑髮碧眼的青年，他們都是二分之一到八分之一的黃帝子孫，說到蔣主席，沒有一個不肅然起敬。

夏灣拿街道很整潔，建築壯麗，總統府雄立市區中心，是世界偉大工程之一，它的外貌很像白宮，但似乎比白宮還要華麗莊嚴些。據說總統府的建築是完全由古巴工程師設計的，經過七年才修建完畢，耗資十六萬萬餘美元。這筆款項在慣於支出鉅額戰費的今日看來，也許不怎樣希奇，但是只要我們將它和古巴四百萬人口的數目比較一下，便會覺得大得驚人了。

「華僑區」在古京的西南方，包括好幾條街，這幾條街內住的全是中國人，和他們的家眷，這裡有華文報紙、中國電影院、國術講習所、粵劇研究，商店的招牌全是中文，彼此交往也是說廣東話，儼然成為一個小小的世界。今天也許是僑區最熱鬧的一天了，這裡到處結

著采，飛揚著國旗，街上充滿著快樂的面孔。區外的古
巴人也來觀光了，把這裡擠得水洩不通，各條街上都有
幾輛緩緩行駛的汽車，車內裝有廣播器，播送著「義勇
軍進行曲」、「鳳陽花鼓」……。

　　晚上國民黨、致公黨、中華總商會都有歡迎我們的
跳舞會，我為了避免再釀成和安娜在聖城認識的那種情
形所以都沒有去參加，而是獨自到古京最華麗的一家電
影院去看電影。這裡的電影是不映廣告的，一開映便是
新聞片子，今夜映出的第一個新聞便是中國艦隊今晨進
入古京港中的情形。他們這種辦事效率，真要使一般中
國行政機關的人員感到羞愧入地！

4 月 12 日　晴

　　早餐後，我們中國海軍除了留艦值更的官兵外，全部往華僑區集合，整隊遊行。遊行隊伍的次序是中古兩國國旗、蔣主席肖像、古巴總統肖像、古巴國樂隊、中國海軍、華僑青年樂隊、三民主義青年團和華僑代表團，隊伍的兩側是古巴的摩托車拱衛隊。九點鐘遊行開始，遊行隊伍以整齊莊嚴的姿式，在雄壯的軍樂聲中，自華僑區出發遊行，浩浩蕩蕩，直抵總統府接受古巴總統的檢閱，然後由總統率領到立「華僑記功碑」處，領導「華僑記功碑」開幕典禮，在典禮中，總統發表演說，暢述中古兩國傳統的友誼和華僑在古巴獨立戰爭中的英勇戰蹟，並且引證古巴名歷史家對華僑的評語說：「無一華人不忠，無一華人不勇。」

　　總統演說完畢以後，便是我國駐古巴公使李迪俊氏的演說。「華僑記功碑」便在這光榮的一刻開幕了。

　　下午，太康和太平兩艦歡迎僑胞和古巴人民參觀，消息傳出了以後，一時碼頭上人山人海，盡是要來艦觀光的，不過他們到艦上之先，必須經過三重警衛（外層古巴憲警，中層三民主義青年團團員，內層是艦側警衛），所以秩序非常好，艦上每一部門都有會說幾句廣東話和西班牙文的人員，專責講解。參觀的人實在太多了，艦上差不多擠得每平方呎便有一個人，我們雖盡量設法使他們快點來和快點去，可是到了黃昏的時候，還有一千多人剛從外層進入中層來，我們很不願意使他們失望，但是他們終於失望了！

4月14日　晴

　　破曉的時候，艦隊駛出了夏灣拿港，進入茫茫的大海中。別了，古巴！妳不過是墨西哥灣中的一個小小島國，但妳卻是島國中最美麗的，妳的友誼，妳的熱情，將永遠在這一群青年者回憶中被慕念，歌頌！

4 月 19 日　陰

　　上午九點鐘，艦隊抵達巴拿馬運河區，泊在魁斯多
波（Cristobal）碼頭，各艦泊定以後，便有華僑用小汽
車接我們到軍人俱樂部去玩，然後分別乘車參觀海濱、
法國運河、哥倫布像和新運河。法國運河是從前法國人
開鑿運河失敗的遺蹟。新運河的開鑿是因為現有運河的
寬度不夠，軍艦如羅斯福號、中途島號和珊瑚海號三艘
航空母艦，商船如依莉莎白皇后號、瑪麗皇后號等都不
能通過。新運河已經動工兩、三年了，但是工程進展得
很慢。參觀完畢以後又回到俱樂部，那裡正準備著許多
精彩的節目款待我們。

　　運河區的魁斯多波市和巴拿馬共和國的庫隆市
（Colon）連在一塊，沒有顯著的劃分，今天是救主受
難節，市面非常蕭條。

4月21日　晴

　　早晨七點鐘，艦隊離開大西洋，進入巴拿馬運河。運河並沒有我從前所想像的那般偉大，很窄（只一百一十呎寬），除了水閘外，似乎沒有甚麼了不起的工程。穿過水閘的時候，軍艦完全停航，由一種叫做「騾子」（Mule）的電車拖著走。八點鐘穿過三重水閘，進入高出海面八十四呎的加吞湖（Gatun Lake）。加吞湖據說是全世界最大的人造淡水湖，面積一百六十四呎，容水量很大，船隻就是靠著從這裡放水入閘升上來的，我們的軍艦在湖裡泊了四個鐘頭，利用淡水把軍艦內外洗滌乾淨，才繼續貫穿運河，下午六點半鐘進入了太平洋，泊在巴玻亞（Balboa）第十八碼頭。

　　從巴玻亞到巴拿馬共和國的首都巴拿馬城，只有十分鐘的車程。巴拿馬城並不怎樣壯麗，不過一個全國只有四十七萬人口的國家，竟也有這般整潔、繁榮的國都，倒是很值得敬佩的。城內的酒巴間和夜總會很多，據說還有幾家看大腿戲的地方！它們的主顧多半是些經過運河的水手，不過中國水手到那些地方去的究竟很少。

　　晚上，運河區和巴拿馬共和國的僑胞舉行晚會歡迎我們，我因為夜間需要值更，所以在城裡走馬看花地跑了一趟，買些巴拿馬古幣和一頂著名世界巴拿馬草帽，便匆匆回到艦上。

4 月 22 日　晴

　　上午有僑胞和本地居民來艦參觀，我們都沒有離艦。午餐後才往 Colégio Miramar 參加僑胞的歡迎會，「蜜拉瑪中學」在巴拿馬城郊的風景區，一面臨海，一面是公園，公園中滿長著玫瑰和嫩綠的青草，四周的綠蔭叢中，點綴著幾幢華麗的私人住宅，那裡有遠遠傳來的琴聲，也有海水擊著沙灘的節奏。

　　歡迎會是下午二時開始的，首先由徐公使談巴拿馬共和國的歷史，然後便是跳舞。跳舞的音樂和古巴的不同，不過在「熱」的方面卻沒有兩樣。伴舞的女孩子中，有一位是去年度的「中國皇后」，的確長得很美，她那種美麗很難形容的，也許她的美麗因為她有東方人和西方人的血液，住在南美洲和北美洲的交接處，飲了太平洋和大西洋的水，所以使她兼有中國小姐的溫存，西洋女子的風度，和熱帶姑娘的情感。她是會場中最快樂而且最忙碌的人，她希望和到會的每位祖國軍人跳舞，無論是艦長或是二等水兵。

　　八點鐘，跳舞會暫告停止，由二十對僑胞和巴拿馬的男女表演土風舞，他（她）們都穿著古式的服裝，女的頭髮結在上面，插了許多鮮花，穿著花衣和大裙子，隨音樂舞著既害羞又放肆的姿式。男的戴著草帽，穿著一身花衣，腰間配兩隻手槍，向女的作出各種不同的求愛和哀怨的表情，他（她）們在一緩一急的音樂中，表演出男女戀愛的各種階段，真是怪叫人高興，我們不覺鼓掌歡呼了起來。正當這個時候，男的忽然離開了，

那些女的竟一擺一擺地舞到四周，每人拉了一位中國水兵去共舞，這一來更精采了，那一群年青的小伙子被俘以後，居然非常勇敢，大膽地跳著巴拿馬土風舞，他們也照樣舞著種種求愛與哀怨的姿勢，表演求愛的各種步驟，醜態百出，引起會場中更熱烈的鼓掌和歡呼聲……。

　　十點鐘離開蜜拉馬中學，歸艦途中買了一面紀念旗，上面繡著巴拿馬的地圖和「Kiss of the Oceans」字樣。

巴拿馬外交部長設宴歡迎太康等八艦官員之盛況
《中國海軍》，1947，第 2 期

4 月 25 日　晴

　　回國旒又掛上了，中午艦隊離開了「兩洋吻處」，繼續向墨西哥進發。

　　海面平靜如鏡，軍艦過處，有飛魚被驚起成群飛逃，頗為有趣。

　　黃昏時，後甲板上有「華僑」主辦的跳舞會，由ＸＸ公使致辭後，接著便由三隻吉塔、兩隻小提琴、一隻洋號和四個口琴組成的樂隊大奏爵士音樂，中國水兵接著「華僑的女兒們」、「西班牙的貴婦們」和「南美熱情的姑娘們」狂舞起來……。

5月1日　晴

　　天剛亮，艦隊便在三架飛機和二十幾隻小艇的歡迎下，駛近了墨西哥西海岸的阿卡坡科（Acapulco）港口，由太康軍艦鳴禮砲二十一響向墨國致敬後，各艦即紛紛在港中下淀（因為水淺軍艦不能靠岸的緣故）。下錠畢有華僑代表登艦獻花。十點鐘的光景，我國駐墨大使在十九響禮砲中蒞臨本艦參觀，十一時與林司令官遵、梁艦長序昭一同離艦，大概是去拜訪阿市軍政當局的。

　　下午，墨國華僑在卡薩布蘭加旅館開會歡宴祖國海軍，這旅館是阿市最華麗的建築，地勢很高，可以望海濱，也可以鳥瞰阿市全景，僑胞選擇此地，無疑是曾用過一番思想的，不過思想用得太少，或是思想太陳舊，太腐敗，用民國初年那種對「上官」「下卒」的看法上來評價我們這批官兵，仍不免是一件最大的錯誤，所以士兵們到會不久，都抱歉地自動離去了。

　　離開了卡薩布蘭加旅館，便和文貴到阿市各處去玩，阿市是我們最近一年來所見到的最髒都市，這裡除了到沐浴場去的一條柏油馬路，其他的路都是泥土的，汽車駛過的時候，往往要揚起幾丈高的灰塵來。這裡人民的血統很雜，白人、印地安人和黑人之間沒有顯著的分別。

　　今天是「勞動節」，商店都關了門，不能購買紀念品，電影院裡又太熱，而且秩序不大好，所以我們預備早早回艦。正在這個時候，忽然看見，街邊有一隊樂隊

在練習演奏，看他（她）們的樣子都是些高中學生，
可是奏得很好，使我倆不約而同地站住了聽，他（她）
們看見兩個洋兵，由於好奇心的驅使，便很客氣地邀請
我倆參加練習，我倆當然是樂意地加入了。首先由樂隊
表演了一些墨西哥流行的曲子，然後請我們唱幾首中國
歌，最後才是大家合唱，由樂隊伴奏。就一般想來，要
找些墨西哥人和中國人，能夠唱的歌似乎相當難，但我
們畢竟找著了，這些歌就是「丁香山」、「蘇山不要
哭」、「老黑奴」、「Down Argentine way」、「You
belong to my heart」、「Playa」。我們興高采烈地唱
著、唱著，四周的人越來越多了，圍上了好幾層，這時
在樂隊隊長的建議之下，我們竟在街上跳起舞來，參加
跳舞的共有十幾對，大家在熱情的音樂中狂舞到深夜
……。

5月5日　晴

今天是墨西哥的國慶日，我們艦隊前天已經派了官兵三百人到墨西哥京城，相信今天一定會有極盛大的遊行。這種遊行不但可以促進中墨兩國的邦交，而且能夠提高僑胞們在墨國的聲譽，所以非常重要，但願他們今天比夏灣拿更好的表現。

留在阿市的官兵，今天並沒有甚麼特別的事，到了下午，便有一半放假出去，我恰好是放假的這一半，於是便和文貴到Caleta沐浴場去游泳。Caleta的風景很美，是墨國的避暑勝地，旅館和酒巴間隨處都是，總統的別墅也在這裡。今天天氣很好，加上又是國慶日，來此游泳的人自然特別多、男的、女的、老的、少的都有，奇裝異服，真是好看。我們游了很久，又划了兩個鐘頭的船，才回到阿市。

晚上，有一隊古裝的隊伍，騎著白馬，手執寶劍，胸前掛著紅心，從教堂出發，邊唱邊舞地經過市區，一時萬人空巷，熱鬧非凡，這風俗確很有味，可惜不知道它的意義究竟是甚麼。

5 月 7 日　晴

　　艦隊原定昨日離開阿港,因為阿港和墨西哥京城間只有三架客運飛機,我們派到那裡去遊行的三百官兵必須分批運回來,所以遲到今天下午才起航北駛,向美國加利佛利亞州的聖第耶各(San Diego)港進發。

　　據從墨西哥城遊行回來的人說,這次遊行的成績很不錯,曾獲得該城朝野人士的一致好評,墨西哥城的各大報紙也以首要位置刊載著我國艦隊訪問的消息和照片,並且在社評中,一致譽此次訪問為中墨兩國邦交的新紀元。

5月13日　晴

　　艦隊於黃昏到達美國東南太平洋最大的軍港聖地耶各，泊在第五碼頭。港口飛機場上，有千架各式海軍飛機，港灣很深，裡面正泊著三艘主力艦、八艘航空母艦和兩百多艘驅逐艦，規模之大，可想而知。不過這些軍艦目前大半都沒有使用了，每艘軍艦只有極少數的人留守著。艦上的二十公厘砲和四十公厘砲都已經拆掉了，三吋砲、五吋砲和指揮儀都用一種特別的物質包著，保護得像「木乃衣」一樣，據說這樣可以使它們二十年不致損壞。

　　晚餐後，有一群美國水手到艦上來，說願意陪我們進去玩，我那時正苦於不知上那兒去才好，有人自願陪伴，當然是求之不得，於是便和一位叫克萊的同出去。我們首先買了些東西，然後把東西寄存在青年會，再到所謂之「樂園」（Fun Land）去玩。樂園的玩意兒真多，要照像的可以投五毛錢到照像的機器裡面，幾分鐘之後那機器便會拋出一張你的尊容來。若是要「說」一封信，那裡也有地方把你說的話製成留聲片。如果要算命，你只要把一毛錢投入算命的機器內，它便會把你的事業、愛情、和錢財算得清清楚楚。此外射擊、騎馬、駕汽車、駕汽艇、坐火車、乘飛機……都有專門機器，使你只要花幾毛錢，便可以充份領略到其中的滋味。這些玩法中以駕飛機最為「驚險」，飛機從空中俯衝下來的時候，女孩子往往要怕得叫起來，雖然她們知道這種遊戲曾經過市政府認可，是絕對不會發生意外的。

　　從樂園出來，克萊又邀我到「好萊塢大戲院」去看戲，這戲院裝飾得相當富麗堂皇，我最初還以為是個很高貴的地方，一直到開始的時候，才知道這便是所謂之「大腿戲」。大腿戲實在很傷風化，我奇怪美國政府為甚麼不予以取締，更奇怪為甚麼老太太們也會那般熱心地去看。

5月21日　晴

　　昨日艦隊移泊聖彼多（San Pedro），這裡去好萊塢比較方便，慕名已久的影城不得不去，所以今天一早便與文輝兩人到了那裡。

　　影城和其他的美國城市並沒有甚麼不同，也許是近朱者赤的緣故吧！這地方的居民的風度都相當好。我們到影城來的目的，當然是想瞻仰電影公司，這裡的電影公司有十幾家，分散得很遠，必須先得到特殊許可，才准參觀，這可使我們為難了，既然跑了這麼遠，當然不好徒然歸去，於是便大著膽交涉，經過了幾次折衝我們終於得到了參觀華德‧狄斯奈公司（Walt Disney）的資格。

　　狄斯奈公司是拍卡通片子的權威，「白雪公主」和「彩虹曲」都是這家的產品。我們參觀了攝影室、製片室、留音室、繪圖室……等處。帶引參觀的那位小姐對各部門解釋得很詳細，這裡的一切設備也很好，不過參觀完畢後，我們仍然很失望，因為在這裡見到的，除了藝術家和技術師以外，連一個電影明星的影子都沒有。

　　於是我們又打華納公司（Warner Brother Studio）的主意了。在華納公司，我們很幸運地找著了祖國政府派到這裡來實習的陳鐵君，他取得國際宣傳科的允許後，便帶我們進去參觀。公司裡面到處都是街道、宮殿，這些建築若不用手指去敲，簡直以為是真的，不能不令人佩服他們這種弄假成真的技術。走了一遍以後，我們便隨陳君到他實習的攝影場去，那時攝影場裡正在

拍「Deception」，這片子的主角是倍蒂黛維斯，地點
是間華麗客廳，從窗口望出去，可以看見紐約的夜景、
群立的大廈、鐵橋和月光下蕩漾著的哈得遜河，倍蒂黛
維斯在賓客們的讚美中，輕快地彈著鋼琴。這一段情
節，只有幾句話，和幾個動作，一共費不了兩分鐘，可
是竟在導演的「預備！」「動作！」「起攝！」和「停
攝！」的口令下，重演重攝過不知多少遍。據說昨天也
是攝的這一段，只不過所攝的角度不同而已，攝這許多
次的理由沒有別的，就是攝的次數愈多，愈能夠選出滿
意的片子來。

　　曾被選為影后的倍蒂戴維斯，現在已經老了，從她
身上，我找不出任何特殊的美來，但她的舉止、聲音卻
是極其動人的。

　　從陳君實習的攝影場內出來後，我們又由童星狄
銳‧斯高特的幫助，進入了另一個攝影場。那裡正在
拍狄銳所演的五彩片子「Life With Father」。狄銳只有
五歲，穿著一套帆纜上士的海軍制服，缺著門牙，極其
天真可愛。他得到導演的同意以後，便帶我們到處參
觀，並且介紹我們認識童星依莉沙白泰萊和其他幾位不
大著名的明星。依莉沙白泰萊大概有十四歲，正穿著一
身古裝，腰束得很緊，使她的曲現更加明顯，她長得很
美，風度很好，鼻子上有幾點雀斑，美國人是很愛這種
雀斑的。我們請他（她）簽了名後，又一同照了幾張
像，才辭別回艦。

倍蒂黛維斯（Bette Davis），
「Deception」（誘騙）女主
角。《文飯》，1947。

依莉沙白泰萊，即好
萊塢著名影星伊莉
莎白泰勒（Elizabeth
Rosemond Taylor），
當時年僅 14 歲，在
電影「天倫樂」（Life
With Father）中飾演
Mary Skinner 一角。
《中外影訊》，1947。

5月26日　晴

　　這幾天若是不留艦值更便是到各處去玩，在美國，尤其是在加利福尼亞州真有的是好玩的地方，何況我們又盡是些劉姥姥！

　　今天的計畫是去參觀威爾遜天文臺。早餐後和福堂帶了地圖、毛衣和呢外套乘車到長灘（Long Beach），由長灘轉車到洛杉磯，再由洛杉磯轉車到阿卡狄雅（Arcadia）。我們在阿卡狄雅下車後參觀了一家博物館，那裡的收集還算豐富，有中國部門，陳列著刀、叉、蟒袍、玉帶、中國第一張報紙和一塊匾，匾上寫著「惟德是輔」四個金字。

　　從阿卡狄雅到天文台還有十九哩，無車可乘，若是走去，今天一定不能回艦，所以要到那裡去，只有Hitch hike 一個方法。Hitch hike 沒有適當的中國名詞可譯，實際上在中國也沒有人這樣做，它的意思就是在有汽車經過的時候，用大姆指向其示意，那駕車的如果認為方便，就會立刻將車子停下來，請你進去把你送到目的地，或是和他分路的地點。這方法我已經知道一年了，那還是在邁城軍人俱樂部裡兩位加拿大空軍告訴我的，據說他們從加拿大縱過美國直到邁城，便完全是用Hitch hike 的方法。這方法果然靈驗非常，我們的大拇指剛揮動兩次，便有一輛汽車停了下來。

　　這輛汽車的主人是胡倫迪兄弟，他倆是自意大利戰場解甲歸來的空軍，今天正預備去買一塊小農場，他們從來不知道這裡有威爾遜天文臺，更是沒有去過，聽到

我們說它是世界上最最著名的天文臺，便同意我們一路去。

今天天氣很壞，威爾遜山完全在濃霧中，汽車藉著燈光在蛇形柏油路上徐徐前進，愈到高處愈冷，呼吸感到有點困難，耳朵也不舒服，車子到達高出海面五千七百呎的山頂時，我們已經把毛衣和呢外套都穿上了。山上風景清秀，樹林間到處成群的鹿、松鼠和其他馴良的禽獸，牠們不但不怕人而且還向人討東西吃。

因為有霧的緣故，老頭子們都下山去了，天文臺今天不能進去，我們只得在展覽是看了一些圖、模型和標本一類的東西，頗為失望。

據管理天文臺的人說，威爾遜天文臺目前有百吋反光天文鏡一副，六十吋反光天文鏡一副，六十五吋觀日臺一座，一百五十呎觀日臺一座（世界最大的天文鏡），和五十吋千光儀一副。那副百吋天文鏡是對天文學貢獻最大的儀器，它的物鏡直徑有一百吋，厚度十三吋半，重四噸半，敏感度相當於肉眼二十五萬倍，藉著它能夠透視五萬萬光年的空間！

沒有進天文台使我們相當掃興，所以只在山上各處走走，拍幾張照片，便乘車下山了，胡倫迪兄弟一直將我們送到好萊塢附近，才握別離去。好萊塢有著名的科學館和行星儀，我們很想去看看，無奈時間不早，這幾天電車工人又在鬧著罷工，只好匆匆回艦，待明天再去。

5 月 31 日　霧

　　艦隊今晨離別美國，向夏威夷進發，我絲毫沒有留戀的感覺，只好像是學生一樣，現在學校放假了，我應該回家去，待開學時再來。

　　昨晚因為參加聖彼多青年會和僑胞的歡送會，大家都睡得很遲。今晨甲板上安靜得像所古寺，只有單調的輪機聲音，哼著懷鄉之歌。

6月9日　晴

艦隊抵夏威夷的歐胡島，為便於與僑胞交往的緣故，泊在檀香山附近的克瓦羅灣中（Kewalo Beach）。各艦泊定之後，放假的官兵便乘著僑胞和軍人俱樂部的汽車，作一百二十哩的環島旅行，

首先經過的是珍珠港，這便是全世界最大的軍港，據說去年曾一度同時停泊過軍艦千餘艘。港面遼闊，地位優越，不過就形勢上來說，卻和關特納摩一樣平凡，似乎只宜於作進攻的根據地，而不宜作為防守的根據地，因為遇著必要防守的時候，一定是艦隊保護根據地，而不是根據地來保護艦隊。

看過了珍珠港，我們在瓦黑瓦（Wahiawa）吃一點準備好了的點心，再繼續前進，穿過一望無際的菠蘿田和甘蔗田，進了山區，山區的地勢相當險要，還保留著一部分原始的熱帶莽林，據說此處便是美國訓練叢林作戰的地方。莽林附近有很多軍營、倉庫和隱蔽機場，山頂上有各式雷達設備，火山口的近旁有五吋砲。火山口劃為禁區，裡面想必是些更重要的軍事設備。

晚餐是在瓦克喀（Waikiki）的留餘齋吃的，留餘齋是「世界上最大的中國餐館」，它這種稱呼是否適當，我當然不知道，不過它確是留給了我一個永不能磨滅的印像，它那宮殿式的建築，它的竹林、花園、假山、字畫，甚至於桌子、椅子和燈籠，都充分表現著東方的藝術，到了這裡，要是不去注意那些正吃得津津有味的大鼻子們，你一定以為已經回到祖國了。

夏威夷著名中國菜館留餘齋
《中華（上海）》，1940 年（第 95 期）

　　用過了晚餐，再乘車到檀香山，檀市正飛揚著中
美兩國的國旗，街上橫掛著「Aloha To The Chinese
Fleet」的標語，這裡的居民無論祖籍是日本、朝鮮、菲
律賓、葡萄牙、中國或是美國，對我們都很親善。檀市
也有一處很好的「華僑區」，不過它和市區的其他部份
沒有甚麼分別。

6月11日　晴

　　上午有很多僑胞來艦上參觀，他們對於人的興趣比對軍艦的興趣要濃厚些，他們送了許多書籍、雜誌和報紙給我們，今天的《中華公報》和 Hawaii Chinese Journal 是歡迎祖國艦隊的特刊。

　　午餐後和戚廷往夏威夷大學參觀，夏威夷大學在檀市東北，向南可以看見藍色的海，向東南可以遙望鑽石山（Diamond Head）的黃色火山口，校園風景很綺麗，夏威夷大學有文學院、理學院、農學院、師範學校和東方學院。東方學院是專門研究亞洲各國的語言、文學和哲學思想的，在那裡我們遇見了一位中國教授，閒談了半個鐘頭，他告訴我們這學校一共有兩千多學生，以祖籍屬於日本的最多，屬於中國的也不少，這些學生大半都是半工半讀，他們只須利用假期在菠蘿田、甘蔗田或是珍珠港工作三個月，便足夠一年學膳費之用。從東方學院出來後，我們又到農學院走了一趟，在農學院，我們遇到一位叫做孝子黑澤的女子，她當然是日本人，但是她的友誼卻和其他的人沒有兩樣，她很殷勤地帶我們到各處玩，又介紹我們認識了幾位中國學生，她聽到我們是被派到東京作占領軍的時候，沒有任何表示。

　　有人說夏威夷是一所人種博物館，因為這裡有來自世界各處的不同人種。我認為這種說法還不夠深刻，因為這些不同的人種並不只是陳列在這裡，而是以一種很自然的方式結合。這種自然結合的方式啟示人類是可以

合作的。國與國間的戰爭，屠殺和欺騙既沒有必要性，
種族與種族間的憎恨、嫉妒、和尊卑感更是愚笨不堪，
人類應該合作，竭誠相親地合作，本著夏威夷精神去創
造一個理想的世界！

　　檀市「勝利大廈」定今天為「中國海軍日」，晚上
有隆重的跳舞會和其他節目，為我海軍官兵洗塵，使我
們的記憶裡，又添上了美麗的一頁。

6月13日　晴

　　來夏威夷以後，沒有一天不在快樂的宴會中，今夜，僑胞們又在「蟠桃會」用草裙舞和跳舞會款待我們。

　　蟠桃會在檀市後面的山上，那裡的風景就像「歌舞天堂」中所映的那般美麗。我到蟠桃會的時候，門口正站著十多位年青的姑娘，她們在每一位赴會的海軍官兵胸前掛上一串花圈，這種花圈的夏威夷文是「Lei」，它的贈送是一種極親密的表示，而且照例在贈送的時候，是要輕輕地吻對方一下的，所以通常只有年青的情人們才互相作這一種表示，她們今夜竟用這種方式歡迎我們，實在使我們有說不出的感激。

　　進入蟠桃會，就像是進入了幻想的國度一樣。夏威夷的音樂，夏威夷的草裙舞，和夏威夷之夜，正如人們的想像一樣美麗，一樣令人陶醉、神往了……。

　　草裙舞（Hula Dance）是一種深奧的藝術，它的每一動作，都含著特殊意義，都代表著一種情緒，這情緒無論是快樂，或是憂傷，是拜神，或是求愛，都予人一種不可言喻的美與甜的感覺。

　　今夜表演草裙舞的女孩子們，都是夏威夷大學畢業的草裙舞學士。

6 月 15 日　晴

　　夏威夷是名符其實的「太平洋上的樂園」，在這裡，人們沒有憂慮，也沒有憎恨，他們只知道怎樣享樂，怎樣相愛。這裡的商店每天下午五點鐘便關門，假期和星期日都停止營業，他們把大半的時間用於音樂會、跳舞會、夜總會、電影院和海濱。他們生活得像詩一樣的美，像情書一樣的動人。

　　從艦隊到夏威夷的那一天起，我們都被弄得「神魂顛倒」，團體的歡迎會和私人的約會每天都有好幾處，而且是一天比一天多，艦隊原定明天起程回國的，為著不好拒絕僑胞們的請求，現在決定延遲一週。其實再延長幾週也是徒然的，這些會根本就不會有完了的一天。譬如有一家姓甘的富足華僑，他家裡每夜都有款待祖國海軍的跳舞會，據甘太太說這種跳舞會在我們艦隊離開夏威夷之前，決不致停止。

　　今天我簡直一刻都沒有空閒過。上午值更，下午和白蒂到瓦克喀海濱游泳、野餐，黃昏時趕回檀市，看「美國大戲院」為歡迎我國海軍而映的「空谷蘭」。晚上再參加軍人俱樂部所主持的「聯合國之夜」，到會的有中、英、美、加、蘇、法各國的代表，會中有名教授的演講和精彩的遊藝節目，中國的節目是僑胞表演的國樂、舞劍和京戲（英文的），都異常精彩。散會歸艦時，天蝎星座已經中天了。

6月24日　晴

　　下午離別夏威夷，我的心中交織著留戀和快樂的情緒，我留戀這些美麗的小島，希望永不離去，但我卻更愛著祖國，渴望回家。

　　因為艦隊是自珍珠港起航，所以送行的僑胞很少，但在這極少的送行者中，仍然有流著眼淚的。

6 月 29 日　晴

　　艦隊於九時半抵中途島，天正下著小雨，這荒蕪的
珊瑚島，雖沒有冒雨出遊的價值，不過經過了幾天的
航行，非到陸地上走走不可，何況這裡又曾是大海戰
的焦點。

　　中途島真小得可憐，從這邊走到那邊只要半個鐘
頭，最高的地方也比海面高不了十呎。

　　島上有很大的飛機場、測候所和極多庫房，現在這
些庫房不是封著便是空著。防空洞也不少。島上沒有居
民，就是留守的軍人也沒有房子那麼多。

　　中途島也許是世界上鳥類最多的地方，因為這周圍
幾千方里海面上的海鳥，都棲息在這一座小島上的緣
故。所以弄得這裡滿天遍地都是鳥，牠們絕不怕人，吉
普車經過的時候，往往要壓死許多。

　　艦隊只準備在中途島停泊一天，待加上淡水後，便
繼續向日本進發。

7月11日　晴

　　昨天黎明之前，本艦幾乎誤觸漂雷，為了消除禍根起見，我們花了好幾發砲彈才將它擊炸，漂雷的發現，似乎是告訴我們已經接近一個恐怖的的國家。

　　今天上午，艦隊果然進入了東京灣，泊在橫須賀軍港。

　　東京灣沒有一點生氣，是我們艦隊航行半個世界所進入的最沉寂的港口，港面之闊雖超過珍珠港幾倍，然而只泊有幾艘美國軍艦，日本船只有幾隻遠遠下釣的魚船和為美軍服勞役的曳船。岸上更顯得凄涼，到處是破銹的機器、防空洞……。

　　我們今天始終沒有機會可以離艦一步，大家只好站在艦舷向岸上指指點點地談著各人的感想。

7月12日　晴

　　午餐後放假出去，從橫須賀乘占領軍的專車往東京。這一段路程只有五十哩，可是火車竟穿過燧道六、七次之多，沿途的風景和祖國農村的相仿，只是他們的房子比較小些，房子四周的樹木比較多些。

　　戰爭結束將近一年了，日本依然保留著濃厚的戰時氣息，許多列車上，仍滿載著炸毀了的零式飛機，橫濱一帶煙囪林立，但下面盡是一片銹鐵頹垣斷壁，荒涼無比。因為糧食缺乏的緣故，工廠的廢墟上正種著蔬菜和雜糧，高聳入雲的煙囪和低著頭的小麥雜在一處，對日本過去的繁榮和現在的荒貧，是一種無情的諷刺。

　　東京的情形比較好一點，尤其是皇宮和皇宮附近的建築物幾乎沒有受到任何損害，皇宮的範圍很大，差不多占有東京市區的三分之一，周圍繞有卸河，河中種菱，堤上種柳樹，皇宮裡面樹木茂密，以松樹為最多，進宮去的各宮門，外層由英美兩國陸軍守衛，內層則任日本警察自行管理。為尊重天皇的威嚴起見，占領軍目前不能到皇宮裡去參觀。

　　東京比較完整一點的大建築物，已經完全為占領軍徵用，占領軍的國籍據我所見的有美、英、加、澳、法和新西蘭等國，中國的占領軍到現在還沒有開到，實在是一件莫大的憾事。

　　市面非常蕭條，找不著舖面寬過兩丈的商店，除了攤販們賣些破舊不堪的東西外，甚麼都沒有。

　　這裡的女子大半著粗糙的西服，少數穿和服，男子

穿襯衣長褲，他們大半都做過軍人，所以常常穿著零亂
的軍裝，今天我走遍了東京，還只見到兩個穿和服的男
子。日本人對於我國海軍大踏步地出現在東京街頭，感
到無限的驚奇，他們對我們不敢正視，面帶慚色……。

皇居外桔梗門前的警備兵
（美軍第一騎兵師與英聯邦軍印度兵）
Robert V. Mosier, 1946.4-1947.1

7月13日　晴

　　黎明的時候，太康、太平兩艘軍艦改泊橫濱，以便
接受何應欽將軍的檢閱。何將軍是我國政府派往美國參
加聯合國軍事會議的，這次路過日本，洽遇我艦隊遠渡
重洋回來，自然免不了要鼓勵一番。

　　何將軍十時才來，同來的有六位將官和隨從。首先
在碼頭上檢閱我們，然後巡視軍艦，十一時許離艦，對
我們這批年青的海軍似乎非常滿意。

　　下午我又乘車到東京去玩，遇著幾位臺灣籍的僑
胞，筆談了很久。

7月14日　晴

艦隊中午離開日本時，岸上滿集著僑胞和朝鮮的代表，高呼：「中華民國萬歲！」

這口號在祖國也許隨處可以聽到，然而在日本，在東京灣，這樣雄壯的呼聲卻具有它特殊的歷史意義，它象徵著一個偉大國家不可辱的怒吼！

「日」落的時候，遠遠地望見富士山在水平線上消逝，內心中充溢著各種感想，……。

7月15日　晴

　　離別祖國一年半了，今天第一次收到中央廣播電臺的播音，心中感到無限的親切，我們已是行近祖國了！

　　上午十時收到南京海軍總司令部的密電，命令我們八艘軍艦駛往吳淞口待命。那時是到南京去，還是到山東剿匪，誰也不敢預測。

　　晚上月色皎麗，多少人在倚欄深思，在憂傷中祈禱……想到故鄉和多難的祖國。

7月18日　晴

　　昨日海上起了風暴，入夜時有颱風經過，波濤排山倒海般地捲過海面，軍艦顛盪得幾乎要翻過來，我們整夜警醒著，把救生圈放在身邊。回國了！這風浪告訴我們，回國是一切困難和奮鬥的開始。

　　經過一夜的暴風雨，我們的國旗撕成片片！

赴美接艦司令官林遵上校。
《藝文畫報》，1946年。

　　據說艦隊明晨可以進入吳淞口，我最關心的，當然是到那裡以後的事，所以便鼓著勇氣去問林指揮官。指揮官很和靄誠懇地告訴我，這艦隊抵吳淞後會立刻到南京去，現在總司令部方面對我們回國後的一切，已經有了周密的計劃，士兵中的優秀學生，將予以特種短期訓練，升任軍官，這八艘軍艦將與自英國返國和日本賠償我國的軍艦組成海洋艦隊，守衛我國漫長的海疆。

　　看了林指揮官那矮小結實的身材，和他那精明的神情，使我不禁憶起了一年半前在重慶唐家沱向我們訓話的陳誠將軍，想到他那堅定的語句：

　　「……請大家看！現在江面上所躺著的，便是我國

全部殘餘的艦艇，現在沙灘上所站著的，便是我國全部
的海軍。重建中國新海軍的責任便在你們的肩上，你們
便是海軍的黃埔，你們是一個強大海軍的種子。今年今
天我在唐家沱送你們出國，明年今天我要在黃浦江外歡
迎你們勝利回來！……。」

海軍艦隊自美國歸
來，共八艘小型戰鬥
艦艇與一艘補給艦。
「從此以後，中國長
達三萬里之海岸線，
將有自己之海軍擔任
防護矣。」
《藝文畫報》，1946年。

甲板上的水兵們，
歡笑在祖國的懷
抱裡。
來源：《藝文畫
報》，1946。

新艦隊駛抵淞口，《益世畫刊》，1946。

編者後記

　　田開銓先生（1925 -1949），湖南大庸人，曾就讀
長沙雅禮中學，後入南遷的國立交通大學輪機系半年，
1944年投效海軍，成為赴美接艦的一員。本書所載，
即田開銓先生赴美接艦之經過。

　　抗戰時期，海軍艦隊幾乎全軍覆沒，或於戰鬥中壯
烈犧牲，或自沉長江底以阻遏日軍沿江西進。抗戰結束
後，海軍重建，主力來自美國援助與分配日本降艦，當
然，還有英國所援助的重慶號（當時中華民國海軍最大
噸位之戰鬥艦艇，後投共，再遭空軍擊沉）、伏波號與
靈甫號。

　　本書主角在回到祖國後，隨著太康艦四處支援剿共
戰事，而後改到海軍官校擔任教官。1949年4月，共
軍渡過長江，田開銓先生赴美接艦當年的指揮官林遵，
率領艦隊在南京易幟。9月底，當共軍進逼廈門之際，
根據已故的海軍少將宋炯回憶，「在廈門被捕的區隊
長及教官田開銓，均在廈門撤退之際未經審判而秘密
處決。」

　　一個滿腔熱血，期待能為國盡一份心力的青年，便
在當年海軍投共陰影中，消逝了。

附錄一

〈駐美艦隊返國特輯〉，《新海軍》，1946

參謀總長陳誠對美贈八艦官兵訓辭——於三十五年七月廿二日海軍總司令部紀念週上——

參謀總監海軍總司令陳誠（左）
海軍總司令部參謀長周憲章（右）

今天大家回國之後，舉行第一次紀念週，在相別很久第一次見面的時候，有好多話要說，真又不知從何說起，猶如一個窮人的家庭，因為受了種種欺侮，遂派子弟出外去學本領，現在都學了本領回來了，老大哥真不知如何快活，有好多的話又真不知如何說起。對於剛學好本領回來的子弟，應該叫他們做什麼事，也是做老大哥所久經預先想到的。你們這次不僅學好本領，還帶了東西回來，我們雖不是鄉下人，但我是陸軍出身，來負海軍的責任，也是鄉下人一樣。所以對於你們回來以後的辦法，老早就在預先計劃了。

當去年你們出國的時候，是國家最危險的時候，也是你們的情緒最高的時候。那時不顧自己的學業，惟在

學本領，以打敗敵人，可是未曾候到你們回來，敵人投降了。敵人雖已投降，但起先的情緒則不應該低落，因為除了攻擊敵人，還有其他的任務，要你們擔任。

你們在三十四年一月由重慶出國，我是在三十三年十二月來到中央，那時是軍事上最危險的時候。貴陽吃緊，美國的魏德邁將軍來了，還帶了麥克魯將軍同來，他們剛到重慶，就叫我們把政府搬到昆明，主席未曾同意，後來他幫忙空運西北部隊往前線去。從那時候起，我們就一面整編部隊，預備反攻。當時的情況是整編困難，不整編則危險。我們決心打破困難，從事整編，接著又派兵到印度訓練，作為反攻的主力。開始反攻，一直到美國試用原子彈為止，當未整編之前，軍隊單位之多，真是弄不清楚。當我接任軍政部長的時候，裁的裁，併的併，那正是你們出國的時候，一直到敵人投降為止，都是繼續的在忙著整編。

你們回來以後，是否退伍，或是轉業，或是就學，或是做為幹部，這都在我考慮之中。個人謀出路是人情上應有的事，但是國家沒有出路，個人是沒有出路的。我在重慶曾公開說過，假使全國五百多萬軍隊沒有飯吃，少數有錢的人是不會單獨有飯吃的。你們是從美國回來的，如有錢的人在真正亡國之後去到美國，美國人對他是不是當著一個人看待，還說不定。其他各國也是如此，所以要先為國家謀出路，然後個人才會有出路。如若國家沒有出路，個人是不會有出路的。你們如若老是當兵，這不僅是你們的損失，也是國家的損失。我是陸軍出身，我穿的是灰色制服，來兼海軍總司令真是慚

愧得很。現在因為海軍幹部不足才如此辦理的，我希望你們能做海軍總司令，我幹我的陸軍，現在要你們建設海軍，作為海軍幹部。國防軍事建設起來，將陸海空新的武力建設起來，然後整個國家才有出路。為什麼說整個才有出路呢？這要先問國家是否要有軍隊，是否可以將軍事永遠交給目不識丁的人去辦，國家事最危險的就是將軍事交給無知識的人。從前軍閥時代軍隊裡有兩個系統：一是文的由當書記做起一直可以做到省長，一是武的是從小兵起一直做到總司令，是以目不識丁為宜。有一次和他們作戰，戰勝了，搜到一件公文，是一個連長出缺，營長請派員充補，上面批道：有某某目不識丁堪充斯職。國家事什麼都可以，只有軍權不能交給目不識丁的人。各位要知道古人講的一點不錯，兵可百年不用，不可一日無兵。若軍人沒有五年十年的眼光，國家怎得不亡，你們丟掉學業，不顧一切前來從軍，都是一時的衝動。如果敵人不來打我們，你們也不會穿起軍衣，但是這不是一時衝動的事，平時一定要有準備，否則不能打仗。

你們是從美國回來的，應該知道第三次世界大戰業已不能避免。發生的時日雖然尚不可知，但可以猜到沒有第二次大戰和第一次大戰之間的距離那樣長，地點恐怕還是在中國。我們不能做主幹，但不能趕不上人家。我們建軍雖未完成，但首腦部已在那裡建設起來。我們中國只有陸軍，而陸軍又只有步兵。軍隊是要各種兵種配合起來的。嗣後中國的陸軍應儘量減少，海空軍要儘量增加，我們要學外國的精神。德國在第一次歐戰失敗

以後，全國只准有十萬武裝警察，這十萬人後來都成了建軍的幹部。你們現在都是兵，可是只要有了兵，就不怕沒有幹部。兵只要經過相當的教育以後，就可成為幹部。幹部有兩種辦法，一是預備軍官，一是軍事學校。大量的幹部則在預備軍官。你們都是正統的海軍軍人，我是陸軍，對於海軍是外行，就是現有的海軍軍官，也有不能令人滿意的地方。海軍軍官們應該自己檢討，問問自己可不可以領導別人。海軍學校裡還讀四書五經，四書五經本身是好的，我也讀過，但海軍學校裡在讀它，是不需要的，像這樣子未免落伍。中國海軍裡有很多是學問落伍，思想落伍，一切都落伍。

我兼海軍總司令，我可將兼總司令的經過告訴各位。這事經過了好幾次的推辭，都未推掉。主席派人向我說，現在沒有適宜的人擔任此職，一定要我來兼。所以我兼海軍總司令並不是因為我的學問，也不是我的本行，只是時代的需要，等到你們能做總司令的時候，我如若還能活著，看得見，真不知要如何的歡喜，如若死了也是瞑目的。其實說起來也很快，我現在已快五十歲，牙子沒有了，頭髮已花白了，只有背沒有駝。我帶兵很早，當我做排長的時候，人都給我加一小字叫小排長，做連長時叫小連長，做營長團長時叫小營長小團長，到二十九歲時做了師長。我的高級長官，給我加註為童子軍師長，但是現在要做丘三了。什麼叫做丘三？就是丘八退了伍，不是剩了丘三了嗎？現在的希望是：只要你們行，希望第三次大戰由你們指揮。

你們是剛從美國回來的，對於國內的設備一定感覺

不滿，總部的地方還沒有大軍艦大。若換一個方面看，就並不在乎此。如專從此項看，則處處不滿，我們窮人家是不能和別人家比的，希望你們做總司令做艦隊司令，把海軍好好的建設起來。

你們出國，你們回來，都不是偶然的。不要以為是當兵，就是做一個老百姓，也應本國家興亡，匹夫有責的大義，為國家效力。軍人要做到有我不多，無我不少就好了。我希望海軍做到此點，對於現狀有不滿意的地方，也可以建議，自然是可以改進的，憑大家力量去改進它。八艦回來以後，已經有個外國人問我（我不說出他的名字），預備將八艦做什麼用？這是不應當的。從前我們有什麼作為時，不是日本人也問過我們有什麼用意嗎？你們留在南京的時間內，可以組織小組會議，討論各項問題，任何問題都可提出，我如有暇也來參加，你們可以儘量的說，講錯了我可以矯正，講得對的，我一定可以採納。國防部所屬各廳局也可以派員前來參加，希望你們不要降低了從前的情緒，要為海軍的建設前途來研究，並建設起海軍的基礎。無論陸軍或海空軍都應該應著國家的需要而建立起來，而大家就應該忘卻個人的利益，以應國家的需要。從前總理建設黃埔軍校的時候，在開學那一天，有許多當時有威勢的軍人也出席參加，總理就不客氣的，很明白的對學生講，創設軍校的目的，就在打倒這些軍人，要大家適應國家的需要。現在有很多人在提倡黃埔精神，什麼是黃埔精神？就是適應國家的需要，海軍也應該接受此種精神，為海軍的前途努力。

新艦隊的誕生　　　　　　　　　壽生

　　從中國歷史上看，這次抗戰，可說是甲午戰爭
（1894 年）的延續，甲午以前，北洋大臣李鴻章，本
已看清中國的大患是日本，需要以海軍來防備。然直至
光緒初年，始設北洋水師，立海軍衙門，14 年（1888
年）始定軍制。當時中日雙方互為假想敵，兩方海軍實
力，在世界海軍比率中，中國佔第八位，日本則佔第
十一位。但以清廷腐敗，一般居在要位的士大夫階級，
不明列強的形勢和日本的野心，對於海軍建設，屢加阻
撓。如將各省幫助海軍建設的協款改作別用，南洋調集
數百萬之款亦為江督提辦朱家山河工，尤其是把原有建
立海軍的國防費用二千萬兩之多，被佞臣獻媚，移作慈
禧太后建築頤和園。所以自 1888 年起海軍未曾新購一
隻軍艦，而日本則竭力經營，計園工完成之日，日方已
有新式軍艦多艘建成編隊了。到了甲午戰爭，中國海軍
實力只有三萬一千三百四十五噸，而日本海軍實力則有
三萬九千四百八十七噸，是中國海軍在噸位上已不如日
本。再就質量來說：當時中國海軍更不如日本，如中國
艦隻的速力，最高的為一五浬，最低的為六浬；敵艦速
力最高的為二十三浬，最低的為十二浬。其次論攻擊力
方面，我方砲械均屬舊式，而敵方則多新式快砲；至砲
備的比量：我方計五八門，敵方則有二一九門，相差
一六一門。且當時中國的軍艦除購自外洋的鐵艦定遠、
鎮遠數艘外，其餘都是自製的舊式木艦，若與維新的日
本新型艦隊一比，孰為優劣不必待海上對壘，勝敗之數

早已判定了。我們可以說：甲午之敗，實敗於滿清政府的腐敗黑暗，和一般士大夫疆吏的無知無識，不知海軍建設，對於國防、國運和國家興衰有密切的關係。

頤和園

甲午戰爭，當北洋艦隊將近末日的時候，日聯合艦隊司令伊東祐亨給丁提督汝昌的勸降書中也曾批評到中國軍事失敗之故，他說：「……貴國海陸兩軍連戰連敗之真因所在，凡虛心平氣之觀察者不難洞知，以閣下知英明豈有不能熟察之理？貴國之所以至今日原非君臣一二人之罪，實從來墨守舊制度之弊有以致之也。……卅年前我日本帝國（伊東稱）曾閱歷何等辛酸之境遇，逃脫何等危殆之災禍，亦既為閣下所深知。當時敝國實以除舊弊布新政為完成其獨立之唯一要件。今日貴國亦當以此為圖存之道。貴國遵此道則存，否則早晚難免滅亡，蓋勢理所必至。雖其禍以此次戰爭而發現，否塞之運殆前定已久」。……

敵將的這一不客氣的批評，也就是說中國海陸軍的

失敗實由於當時中國整個政治社會的失敗，而諷勸我們從全面的改造去救亡圖存。否則早晚難免滅亡。可惜四十多年來這一血腥的警號還不曾獲得我全國國民深刻而普遍的注意。所以甲午戰後，中國已成為「無海軍無海防」的國家；更由於政治的黑暗，軍閥的割據，幾乎連玩具式的艦隊都難於維持；這次日閥發動侵略戰，它的第三艦隊封鎖我國沿海各口岸，自崇明島以迄海南島，有如鐵圈，其後南伸至越南、緬甸，當滇緬路被封鎖時，我國與國際間的交通，幾完全斷絕。德軍事觀察家謂：「在中日戰爭中，日本海軍消耗最少，而所收的戰果最多」。一個沒有海軍的國家，處境多麼困難。28年，日閥於我國境中，建立偽政權，即脅迫汪逆訂立割讓浙閩粵沿海島嶼之約，其意蓋預防我國於戰後重建海防，先佔軍事性的島嶼，消滅我方的潛艇根據地。而且敵方海軍南以海南島為基地，北以舟山群島為巢穴，翼護臺灣，加強其內防線，使中國海軍永無復興的希望。我們早已看出這一重大的危機，喚起國人的注意，而局勢已經如此，幾乎難於挽救了。所幸強敵崩潰，東方海盜的艦隊終於毀滅；我們政府不僅得有機會重整海防，而且得美英友邦的幫助，建立新的海軍的基礎。

　　本年 2 月 4 日，美國眾議院海軍委員會主席文生氏提出法案，主張授權杜魯門總統，以美國一部份軍艦讓予中國，據文生氏稱：提出此項法案的目的，在協助中國建設海軍。該法案經眾議院通過以後，送達參議院，參議院於上月下旬又經議決，准以貸款出售或贈送的方式，將剩餘之海軍艦船二百七十一艘，交與中國，

並派遣海軍代表赴華，協助中國海軍之建設；倘依照法案，有多餘之戰艦、巡洋艦、驅逐艦或潛水艇交與中國使用，均須個別的獲得議會同意。此項經過上下兩院通過之法案，據 7 月 16 日美國新聞處華盛頓電訊，杜魯門總統已經簽署，該議案授權總統，最多以美艦二百七十一艘供給中國，另加水上船塢及其他必要之器材。該艦船之付款及條件，總統有一切取捨權；又該議案規定，為各艦隊訓練船員，經中國請求時，得派美海軍軍官百名與士兵二百名赴華。美海軍部宣稱：此批二百七十一艘艦艇，現在遠東一帶，包括流動船塢二艘、修理船二艘、驅逐巡邏艦二艘、掃雷艦二十四艘、驅潛艦二十八艘、登陸艇一百九十三艘、油船三艘、調查艇三艘、摩托砲艇六艘、浮筒及輕型渡船六艘。

查美國首批贈與中國的軍艦，是根據租借法案撥給中國的，其中有護航驅逐艦二艘、掃雷艦四艘和驅潛艦二艘，共計八艘。這八艘軍艦的名稱為：太康、太平（護航驅逐艦）、永勝、永順、永定、永寧（掃雷艦）、永泰、永興（驅潛艦）。按此八艦，是於去年 8 月，在美編隊，即中外人士所稱的「中國新艦隊」。這個新艦隊是由我國駐美武官劉田甫及該艦隊之指揮官林遵接收的。全隊計有官兵七十餘人，士兵九百餘人，他們於 34 年 1 月 24 日出國，先由戰時首都的重慶到印度。3 月 16 日搭美輪 General Mann 離孟買，經過印度洋、南太平洋，於 4 月 15 日抵舊金山，乘火車橫斷美國大陸，於 4 月 21 日到美亞米Miami 軍港美國安那波立斯海軍研究院受訓。其中軍官均係國內海軍學校畢

業，士兵百分之三十為原在海軍服務，百分之五十為公
務員，而有大中學程度者及大中學之從軍學生；百分之
二十為小學程度之從軍青年，或其他部隊前來者，官兵
在美受訓約一年，在古巴受訓三個後，即行返國。

今天，看見我們的駐美八艦回來，青天騰彩，白日
生輝，從此以後，我們中國又開始重建我們的海軍，每
一個中華民國的國民，無不感到「興奮」與「快慰」！
這一支中國艦隊員兵為中國人，艦隻則為美國所贈，
我們除應深深感謝友邦的厚意援助外，還應該痛感我國
海軍基礎的薄弱，為著本身的強固，為著遠東以至世界
和平的確保，中國均須迅速建立強大的海軍，但這一重
任，須得我們自己努力，不能只依賴外援。因為這次美
國之援助我建立海軍，贈給軍艦，派遣技術人員，這是
只可認為替我國海軍樹立地面基礎；至於在這基礎上，
將來如何建造高大樓廈的工作，須由我們自己規劃，自
己負擔。這不僅是接受美國援我建軍盛意之應有舉動，
並且為創造現代化國家之不容稍緩的設施。所以這次返
國的青年海軍官兵與艦隊，可認為我國創立新海軍的
發軔。

國人應該知道海軍對於國防與維護和平的重要性；
也應該知道，我國有很長的海岸線，有很多僑胞散處於
南洋各島，我國對於監視日本有很大的責任。所以為國
防，為護僑，為防止日本再侵略，我們必須有海軍，並
必須有強大的海軍。再為保持一等強國的地位，分負維
持世界和平的責任。我們更必須有強大的新海軍了。現
在既有美國的援助，這項建造工作當然容易進展，這是

千載一時的機會，我們不容交臂失之！所以我們一面歡迎我八艦之返國，一面希望政府要切實注意整建海軍，勿蹈甲午覆轍。從今天起，我政府與人民，尤其我海軍將士，更應該體念責任的重大，大家一德一心，為中國新海軍，寫下光榮的一頁，以洗雪五十年前海軍不振的恥辱，不但對物質上配備是新的，即精神上紀律上也是新的，才足以負起未來的艱鉅！才不負國民的期望！不負盟邦的美意！

八艦種類與其性能　　　　　　　一　新

　　備受太平洋所經各地熱烈歡迎之我國駐美艦隊八艘，於本年 4 月 8 日離古巴返國，途經巴拿馬、墨西哥、美國聖哥軍港、腦美斯軍港、檀香山、珍珠港、中途島，歷時三月，於 7 月 11 日抵東京，19 日抵吳淞口，20 日離滬駛往首都，21 日晚 6 時 07 分抵下關，22 日陳兼總司令在海軍總部紀念週上召集八艦全體官兵訓話，23 日上午 10 時舉行檢閱式，艦隊歸國事告一段落，以後進入訓練階段。

　　這一支的駐美軍艦，為數雖不過八艘，但在艦別上卻有三種。「太康」、「太平」為護航驅逐艦；「永勝」、「永順」、「永定」、「永寧」為掃雷艦；「永泰」、「永興」為驅潛艦。這些軍艦的名字是給與中國以後才起的，在美國時只有號數：「太康」是六號，「太平」是四七號，「永勝」是二五七號，「永順」是二五八號，「永定」是二五九號，「永寧」是二六〇

號，「永泰」是八六七號，「永興」是八六九號，根據
美國的慣例：噸位大的艦船才有名字，噸位小的輒編為
號數，由此可以知道八艦的前身。這八艦雖屬小型艦
種，但均係新式裝備，各艦約在民國 32 年、33 年份製
造，曾參加大西洋襲擊德國潛水艇戰爭，轉戰二年，戰
蹟輝煌。八艦中以「太康」為最大，「永寧」為最小，
合計排水量約七千餘噸。茲將八艦的種別，排水量列表
如左：

名稱	種別	排水量	長度	寬度
太康	護航驅逐艦	一四○○噸	二八三呎	三五呎
太平				
永勝	掃雷艦	九○○噸	一八○呎	三○呎
永順				
永定				
永寧				
永泰	驅潛艦	九○○噸	一八○呎	三○呎
永興				

　　此外各艦，如雷達、測音機（對付潛艇）、深水炸
彈等等無一不備；尤其是掃雷艦上的設備，可以掃除普
通浮雷、磁性水雷和音響水雷。
　　各艦的簡單內容已經說過，現在再把各艦種的性能
和它的效用說明一下。什麼是護航驅逐艦呢？它是比較
小型的軍艦，它具有魚雷、深水炸彈和五吋砲，可以攻
擊擾亂和毀壞敵軍中最小至最大的艦艇。除了應付同型
或較小的敵艦外，它的主要武器是魚雷。護航驅逐艦有
高度速力和較大的巡航半經，因此在護航和驅逐潛艇方
面有很大的價值，實在講起來它在海軍中是用處最多的
軍艦。

　　什麼是掃雷艦？它是一種特殊的艦種，但是我們若要明白它的功用，就要先從「水雷」說起。水雷的破壞力，它仗著巨量的火藥，受著十數尺深度水力的約束，爆炸的時候，就是世界最大的軍艦，也不堪它的一擊！遠的不說了，日俄戰爭的時候，日本戰艦一共沈沒了八艘，除一艘是相撞沈沒外，其餘七艘，都是觸著水雷而結果了性命！第一次世界大戰，英國海軍艦艇，因為水雷而遭不測的，佔軍艦損失的全數百分之四十，再就各國艦艇損失的情形來說，沈沒總數是三百十六艘，僅為水雷炸沈的，就佔一百廿二艘，恰恰亦約佔百分之四十。給大砲所擊沈的，反不過八十艘。這次大戰，納粹海軍，儘量的發揮水雷的優點，它給與民主國巨大的損失，更足驚人。我們過去抗戰中，國產水雷功績的偉大，更是不可磨滅，各種不同性質的戰鬥任務，都能完滿地達成；封鎖長江、湘江，使敵艦正面受阻礙，協助陸軍，使部隊無後顧側擊之憂；破壞交通，使敵視水路為畏途；炸燬敵艦艇輪，使敵物資生命兩相損失，這些事實都足以證明了水雷在戰爭中的威力的偉大，我們若要征服它，就要施行掃雷的工作，而執行這掃雷工作的工具，就是所謂「掃雷艦」。在戰爭時，如不掃雷，則艦船實有寸步難行的苦痛；在戰事了結，就要清除這種危險物，才能使交通不受阻礙，不過掃雷的作業，亦不是平常，而且是艱險的工作。

　　驅潛艦是海軍中一些小型艦艇，因為此所保護的商船連力高超得多，所以能應付敵人的潛艇，使他們不致遇著危險。驅潛艦在第一次世界大戰中已盡其護航能

力，約有一百六十五呎長，雖裝甲甚少，卻具有小量深
水炸彈及機關槍。

渡洋回航錄　　　　　　　　　　　　　曼 文

　　我們的新艦隊，就是依租借法案撥讓我國之美軍艦
八艘，包括護航驅逐艦「太康」、「太平」二艘，掃雷
艦「永勝」、「永順」、「永定」、「永寧」四艘，驅
潛艦「永泰」、「永興」二艘，與美國最近贈我一萬
四千噸之補給母艦「媽咪」號（頃經海軍總司令部命名
為「峨嵋」號）同駛來華，一行共為九艦，最高指揮官
為我駐美海軍副武官林遵中校。

　　我們的艦隊，係於去年 10 月間由我赴美受訓之海
軍官兵一千二百人所接收，我們係受訓於著名之美亞米
Miami 美國安那波利斯海軍研究院，接收艦隊後，於今
年 1 月間駛抵古巴美海軍基地關托那麼，與美海軍實
行混合訓練 4 個月，參加那項訓練的，共有巨型軍艦
一百艘，包括潛艇隊和航母艦多艘，飛機九百架，當時
一起演習的有著名的米蘇里號和羅斯福號，經過了這長
期的訓練全體官兵對於艦隊的控制已臻駕輕就熟之境，
乃於四月八日離了古巴回國。

　　4 月 21 日，我們艦隊假道巴拿馬運河，曾榮譽地
受了巴拿馬總統的檢閱。尤其在墨西哥的時候，正值墨
西哥的國慶日，墨西哥總統也親自檢閱亞洲第一流的新
型艦隊。後來我們再繞道美國西岸聖必多軍港，停船修
理。在珍珠港時，領配沿途給養和油料。

　　珍珠港是此次大戰的目擊人，它證明了日本軍閥的無恥卑劣。日本當它的代表還在華盛頓從事討論，佯欲覓取阻止戰爭的手段時，突於 12 月 7 日（1941 年）進攻珍珠港了。那次進攻，敵人雖有數艘四十五噸的潛艇參加，而事實上則為空中襲擊。當我們的艦隊駛近該港時，莫勒與賴奇曼在他們合著的「世界戰略地理論」中的幾句話，湧上我心。「美國如果要建立紀念碑的話，還不如替決定偷襲珍珠港的『無名日本人』建一座紀念碑，因為這一偷襲才使美國得以在軸心國家還可以被擊敗的時候參加戰爭」。這是多麼懍然地接受戰爭教訓的話呵。

　　29 日下午，中途島在望了，這是這次太平洋日美海戰的戰場，中途島之戰，是日本海軍在三百五十年以內第一次決定性的失敗。（註：1592 年，朝鮮全羅道水軍節度使李舜臣，大敗豐臣秀吉統帥下之日本水軍於朝鮮海外。）這一仗結束了日本在太平洋的攻勢，也就是美國海軍轉守反攻的開始。所以我們特別注意這個的海上的孤島。

　　當我們艦隊將近岸的時候，驟然雲罩住了全個天空，海似乎縮得那麼小；風和雨像脫韁的野馬，將海踐得稀爛，船給浪推著，像一匹鬥牛場的瘋牛，向碼頭冲去，望台上下著倒車的命令，但是機艙的回答是主機壞了，於是船頭撞在一般碇泊的巡邏艇上，當然損失的倒不是我們。另外一艘掃雷艇，隨波逐浪的連靠了五次，卻都折了回去，海似乎是可怖的。造物，是航海者的家，亦是航海者的仇敵。

　　中途島有二小島，我們碇泊在大的一個——沙島，可是它的範圍之小確是遠非我們所意料的。稀落的建築，沒有一家商店，最多也不過是一家軍人合作社。晚上，我們惟一的娛樂的地方——電影院，看到不少駐防在島上的海軍和陸戰隊的官兵，據說人數也不超過百人，有攜帶眷屬的，這也是戰後的例子。

　　從電影院出來，在島上散步，我們不辨路徑的亂轉，周圍只有十浬，繞過圈子亦不過兩個鐘頭。這就是「美日海戰才出名的中途島」，在歸途，我們似乎聞名不如見面似地感覺著。想不到這島上竟沒有一個老百姓。然而我們畢竟是有所收穫。這是「中途島之夜」。

　　次日，艦隊離開中途島，航向日本，我們懷著愉快的心情，欲以勝利者的足跡踏上三島，將青天白日滿地紅的旗幟插上富士山頂上。

　　7月11日，我們的艦隊，到達日本橫須賀，這是戰前日本海軍首要的根據地。各艦悄然停泊東京灣內，在近代史上，中國軍艦開到日本首都所在的地方，此為第二次。第一次中國派艦來此，參加日俄戰爭名將東鄉的葬禮，日本人不料五十年來稱霸東亞的海軍，竟因這次大戰而毀滅，甲午戰敗後的中國新海軍竟出現於日本首都，無怪我們穿著漂亮白色制服在東京街道上巡視著的時候，日人竟誤傳這乃中國駐日佔領軍中的先驅部隊。

　　當時，有某記者，對我們說，我聽見一位日本女子告訴另一女子說：「戴有青天白日肩章的中國海軍，態度甚嚴謹。」使我們感覺著，這是中國新海軍精神的表

現，我們應該長久的保持著這嚴謹的態度，不要再給戰敗國的日本看輕我們，我們返國後應該向新海軍建設之途邁進！

13 日，上午，何應欽將軍由我國防部次長秦德純，和駐日軍事代表團團長朱世明，伴同前往橫濱南碼頭，檢閱我們的艦隊，我們穿著潔白整齊的海軍制服，全體肅立，恭聽何將軍的訓話，使我們更覺興奮，何將軍來此，是取道前往美國參加聯合國參謀長會議，秦次長在此是為日本戰爭犯審判的證人。

我們艦隊的參謀孟漢鐘於抵日本橫須賀後，即轉道至東京，於十三日搭美軍用機，先行飛滬，向海軍司令部報告一切。我們在美亞米訓練後，本來準備即行參加抗戰，因戰爭結束較預期更早，以致失去了報國的機會。不過這次歸來，曾在東京灣及太平洋掃了一些雷，聊償心願！我們在返國的途中，到處慰問華僑，他們的熱情歡迎我們，真令我們慚愧，感到我們將怎對的來保護海外的僑胞呢？

在橫須賀耽擱了三天，林遵指揮官，率八艦望著祖國航路邁進，於 18 日夜色中駛抵吳淞口外停泊：當時因氣候惡劣，天色霧濛，領港人員對於戰後八年揚子江口外航道的變動，沒有作冒險的試航，所以我們直至19 晨 5 時餘，才啟錨進口。我們望著吳淞口外的澄黃色的水激起著陣陣的低浪，好像在喊著我們快快前進，祖國的同胞已在等候著你們的回來！

9 點鐘敲過了，我們仍徐徐前進，望見兩艘汽艇向太康旗艦迎面而來，纔知道它是上海艦隊指揮部特派來

迎接我們的，頃間歡迎我們的汽艇隨著熱烈的掌聲，從著每一只軍艦兜了個圈子，同時我們也報以更熱烈的歡呼，響亮的歡呼，掩沒了海濤的澎湃聲情緒更顯得熱烈了。

旗艦太康號領導我們七位的夥伴，成了個大弧形，緩緩地轉向砲臺灣長堤的外側，其時，半球形的天空，密佈著濛濛的細雨，突然向我的行列撲來，幸爾不久雨又停了，到 11 點鐘，我們的艦隊乃停泊在揚子江口，汽艇隨即靠近旗艦的旁邊。我們遙望別近九載的上海，無限歡欣！我們見著駐滬的官員更覺親愛！我們招待著記者，則極盼望國內報界多多促使國人對海軍的認識及興趣。

時間不能多停留一天，我們將於明晨離滬上駛，21日當可抵首都報到，而結束了由美歸國的航程。（7月19 夜於吳淞口）

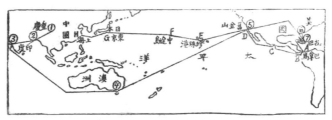

海軍軍官赴美及回航路程

（圖解）（1）1945年1月24日，我海軍赴美受訓官兵離重慶。（2）經過加以各答。（3）3月16日離孟買，乘美輪 General Mann 赴美。（4）經澳洲墨爾鉢恩。（5）抵舊金山。（6）由舊金山經聖路易到美亞米。（7）1945年1月2日起程往古巴（以上出國路程）。（A）1946年4月8日離古巴。（B）4月21日過巴拿馬運河。（C）經過墨西哥。（D）經過舊金山。（E）到珍珠港。（F）4月29日抵中途島。（G）7月11日抵日本橫須賀港。（H）1946年7月19日安抵上海（以上回航路程）。

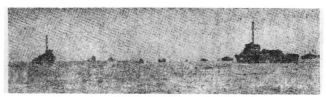

吳淞口外之新艦隊浩蕩陣容

附錄二

〈海上的新血輪〉，《新聞導報》，1946。

海上的新血輪——歸國新艦隊訪問記　　　蝕　荒

　　當我們驅車趕至中山碼頭的時候，新艦隊校閱已經在舉行了，瞻望江面但見八艘新艦成雙地排列在黃色的江面，旗艦太康號在前面，艦頭朝著上游，讓滾滾江流掠過艦身浩蕩東去。

　　青天白日的國旗在艦桅上迎風飄蕩，他居於一串萬國旗之巔襯著碧空和朵朵白雲，正象徵著勝利後的中國，突起於今日的世界。

　　承海軍總部招待同志的盛意，特派出一艘汽艇，十分鐘後我們才上了永泰軍艦，這是一艘海防驅逐艦，排水量八百噸，在性質上是完全用作防禦潛艇，所以他的裝備也完全是對付潛艇的。

　　據艦上的航海官王同志告訴我們，這次美國送給我們的兵艦，雖然噸位不大，但各種設備都很完全，稱雄一世的「雷達」在每艘上都有裝置。

　　艦上的通訊設備也非常完全，即使在一個艦上的指揮也完全是使用播音器。無線電話的設備也很完全，他們這次從美國回來的時候，一過珍珠港就和南京通過話，聲音還非常清晰。

返國抵京八艘新艦之
太康號旗艦

太康艦尾之深水炸彈

　　關於武器的設備，事關軍事祕密無法公開，但我能報告大家的是以這些武器備來防杜海岸是有餘裕的。

　　最後我們走到了最高層的指揮塔，這是一個毫無掩蔽的高台，因為依美國海軍的習慣，指揮官是要受風吹雨淋日晒的，不但航海時如此，即使是作戰時也不能例外，其以身許國奮鬥喫苦的精神由此可見。

　　參觀完畢後，給予人印象最深的是精緻、清潔，從艦上官兵的衣著以至艦上小小的一個附件，都可以表現出來，在這裡我得提出一段有趣的史話，是當日俄戰爭前夕日本某武官參觀俄國兵艦，當他摸著扶梯下艦的時候，在他的白手套上發現許多灰跡，因此這位武官就確定了俄國海軍的作戰力，而終於將俄國的黑海艦隊一舉而擊敗，今天我也同樣地摸了所有的扶梯，但我得到的結果是中華民國的海軍正如同那些雪亮的扶梯一樣有著他光輝的前途！

指揮官

　　離開永泰軍艦後汽艇又把我們送上了太康旗艦，
這艘旗艦排水量一千六百噸，為八艘中最大的一艘，其
性能也是驅逐艦，艦齡很小，都是在 1942 年下水的。

　　在各項設備中，太康旗艦在八艘中算最完善，武裝
亦較強，艦上官兵生活非常嚴肅，除了輪機在隆隆作響
外，就只聽見值日官播音器中不時指揮各士兵的活動，
他們對我們這些訪問的人都表現得非常親切，無論是問
到那一項，他們沒有不答覆的，而且答覆的態度又是非
常誠懇的。

　　在甲板上我們聽到兩個水手報告這次回國途中經
過，據說在由中途島到日本的這一段途程中，他們曾遇
到幾顆水雷，幸喜給「雷達」搜索到了，當他們的兵艦
避開的時候，水雷距艦身只四百碼，可稱非常危險！

太康軍艦上之雷達

還有在日本至上海的途中，他們遇見一次颶風，因為氣候預測的準確，所以事先都有準備。

在參觀完畢後，蒙梁艦長招待我們在一間佈置華麗的客廳裡休息，為了酬答主人的誠意，我們相互舉杯喝了一杯白蘭地，座間談起中國的新海軍，梁艦長的意思，是先建立起海防，許多人覺得我們沒有主力艦，並認為這是一大憾事，其實我們還沒有到需要主力艦的時候，目前雖然有海軍噸位還趕不上戰前，但在設備方面卻進步得多，最近美國國會又通過了贈送我二百餘艘兵艦，只是我們的海軍人才太少，需要大量的訓練。

這裡還值一提的是燃料問題，這種兵艦用的重油，在美國只要美金七分就可買一加侖，在我們中國因為我們出產的不多，大部分仍須仰給美國，所以要建立海軍這也是一個重要問題。

受了時間的限制，我們未能一一走訪其他各艦，當我們在登岸的小艇中回首仰望這艘艘軍艦時，我們腦際馬上映上了一個深深的印象，在建國陣營中，這實是我國海上的新血輪！

附錄三

〈新海軍之雄姿〉,《南京中央日報》,1946 年 7 月 22 日

中山碼頭歡迎新艦隊記

　　【本報特寫】中國新海軍第一支艦隊艦艇共八艘,由林遵中校率領,於昨(二十一)日午後六時次第抵達本市下關中山碼頭。旗艦太康號領先,太平號、永泰號、永順號、永剩號,永興號、永定號、永寧號陸續跟進。汽笛長鳴,黑煙蔽日,國旗飄揚,白浪滾滾,每艦相距約一浬,浩浩蕩蕩,艨艟十里。時雨後初晴,楊光輝映,艦身金光閃耀,顯示我國海軍前途,無限光明。碼頭觀眾,沿堤歡呼,艦上健兒,搖手呼應,予人以親切熱烈之感。

　　前天(廿日)從海軍總司令部裡就知道,美國贈我的兵艦八艘,也就是中國新海軍的第一支新艦隊,在二十號清晨四時從上海抵京,約二十一號下午可抵下關。

　　中國是一個海岸線最長的國家,我們可以說中國的國防,大部分要建立在海防上。也可以說,我們沒有海防,就沒有國防。守護海岸,巡邏領海,保護華僑,溝通國際貿易,這種種都非海軍不可。在今天我們高呼整軍建國,要使中國真正成為四強的呼聲裡,我們的新海軍哇哇墮地,而且不遠萬里地由美國歸來,怎能令人不興奮若狂哩!記者抱了這樣一顆熾熱的心情,在三點鐘便跑到了中山碼頭。一出挹江門,迎頭便是一塊海軍總

司令部掛的白布的橫匾，上面用紅紙剪成斗大一朵的梅花，每朵梅花上寫一黑字，題的是：「歡迎新青年，參加新海軍。」走道碼頭時，大門是「維護海權，鞏固海疆。」的橫匾，走進船塢時，更是熱鬧。船塢正中是紅紙梅花黑字：「歡迎美贈八艦回國」的橫布額，四周的桅杆上，貼滿了白報紙黑字的標語。

直到五點五十分，汽車飛奔而來，白衣使者的海軍軍官出現了，攜兒帶女裝扮漂亮的海軍眷屬也來了，最惹人注目的，身背影機的記者團也一窩擁到。不久眼快的人喊：「來了！來了！」順著下口望去，一隻銀灰色高大的兵艦果然出現了，接著便是一串串地跟了進來，越來越近，船上的海軍健兒，滿塞塞地一字排在船沿上招手歡呼。這邊岸上的，人頭鑽動，指手劃腳的評論著，一位太太抱了一個三歲的小姐，指著遠遠的兵艦說：「毛毛，爸爸就在那隻船上！」船上的人笑了，我們也笑了，我想船上的官兵，在海上不知做了多少美麗的家園夢。好了，現在是真正回到家了，回到祖國的懷抱裡了。

記者得海軍總司令部軍務司周科長季奎的特許，跳下了交通聯絡艇——重慶號汽艇，在萬人羨慕的眼光之下駛到了旗艦太康號的身旁。攝影記者的「萊卡」與電影機齊下，記下了太康號的健兒及其雄姿。回過頭來又到永泰號的身旁繞了一週，隨即返岸。

感謝指揮官林遵中校，永泰艦艦長王恩華，永勝軍艦艦長蔣謙，首先給我們拍了一個照，然後不嫌囉嗦地回答了我們如機關槍彈似的連串的問題。便使我們知

道：美國國會最近將通過再贈我二百七十一艘的贈艦，其中，有一隻一萬四千噸的護航運輸艦，算是最大的一隻了。現在這八艘，以旗艦太康號為最大，排水量一千五百噸，長約三百八十餘呎，寬約六十餘呎。艦上官長十人，士兵二〇一人，是一隻護航驅逐艦，最高速率是每小時二十浬。其餘的七隻，排水量都是一千噸左右，最高速率均為十四浬，所有艦齡都很年輕，沒有一隻是超過四歲的，全隊官長七十三人，士兵一千名。官長全部是美海軍學校畢業的年青軍官，士兵一部份是海軍學校畢業生，一部份是青年軍提選出來的。他們全體在美國受了八個月的嚴格訓練，前六個月在米亞梅軍港，課目達二十種之多，除了基礎英語這普通課程外，餘均為海軍兵器技術的訓練。最重要的是雷達的操縱訓練，所謂雷達就是艦頭圓形的高臺，裡面盡是複雜得難以令人相信的機器。靠了她，能在周圍四十浬以內，發現測知敵人的潛艇，艦隊的種類，性能與行駛方向。後面兩個月的訓練，則在古巴的關特拿摩軍港進行，在那裡多是受些戰鬥運動的訓練如攻擊防禦各種隊形的編排等是。

　　訓練完畢，於三月六日出發，由古巴經聖地牙哥，穿過巴拿馬運河，到墨西哥，碰巧趕上了墨國國慶，當即參加典禮，並受墨總統檢閱。後經過聖必多港停船修理，到珍珠港，配領沿途給養及油料，再經中途島、檀香山，到日本橫須賀軍港至上海抵京。一共走了一〇五天，渡越了三萬多哩。才回到國的心臟——南京。

　　以前我們的海洋是敞開著的，任人出入，是一個

根本沒有大門的國家，現在是安上大門，像一個國家
的樣子了。然而照國防通商護僑的需要說起來，我們
的海軍還是貧弱得太可憐，在歡迎我們新海軍一致歡
欣鼓舞的情緒下，我們更要下決心，全國一致咬牙苦
幹，起碼我們要有一百萬噸的船艦，要有足夠的海軍官
兵，要有大的造船廠，要有無數的鍊鋼廠，這樣我們
才是一個真正富強康樂的國家（本報記者　容又銘）

附錄四

〈科學介紹〉，《中國海軍月刊》，1947 年

「羅遠」駕駛　　　　　　　　　　　　　田開銓

　　駕駛的科學自人類有文化以來便不斷的進步著，使
過去幾百年的航海史上充滿發明重要駕駛方法的記載，
可是這一切都不能和第二次世界大戰中所發明的利用羅
遠（LORAN-Long Range Navigation）駕駛比美。

　　帆船時代航海家利用觀測駕駛（piloting）和天文
駕駛（Nautical Astronomy），使人類開始有能力遠渡
重洋，這種駕駛方法經過無數改進以後，現在依然保存
著，它的缺點是在陰雨的天氣時海船沒有方法測得自己
的位置，後來隨著輪船的誕生而發明的推算航行（Dead
Reckoning）可以說是一種很大的進步，可是這種駕駛
方式因為船艦在暴風浪中，速度被海浪衝擊時不能保持
一定和船艦的航線受海流影響常有變更的緣故，也不
夠精確，近代駕駛中常藉助於無線電尋找方向（Radio

Direction Finding）頗為真確可靠，但是這種駕駛方是
只適用於沿海航行，對於遠洋駕駛沒有多大幫助。因為
這幾種駕駛方式都不免有它們的缺點，所以一艘海船在
遠洋遇著暴風雨的時候，既不能利用觀測駕駛，天文駕
駛和無線電尋找方向，又不能完全信賴推算航行，在這
種情形下全船的生命和財產自然也不會有充分的保障。

　　但是這個問題終於解決了，感激這幾年的驚人科學
進步，我們已經發明了羅遠駕駛，來補救這一切缺點，
羅遠是第二次世界大戰中的新穎產物，它對於和平時期
的航運將有超時代的貢獻，一艘配有羅遠裝置的船艦或
巨型飛機，能夠不分晝夜，不受任何氣候的影響，在兩
三分鐘內精確地判定自己的位置，並且駕駛員只需要受
幾天的訓練便可以熟悉管理和運用羅遠方法。

　　遠在第二次世界大戰剛開始的時候，美國當局因
為派往歐洲作戰的軍艦和飛機受惡劣氣候影響而失
事的數目非常驚人，所以感覺到需要一種比較正確
可靠的的駕駛方法，於是國防研究委員會（National
Defense Research Committee）便在一九四〇年設立羅
遠組，翌年在麻省工藝社（Massachusetts institute of
Technology）輻射物實驗開始研究，一九四〇年便建立
了第一座實驗性的羅遠臺，結果非常圓滿，於是美國國
防委員便和加拿大海軍合作在北大西洋設立羅遠臺，
這工作後來由美國海岸防守隊和加拿大海軍合作繼續
辦理。

　　當大西洋情勢最緊急的時候，羅遠臺為適應事實的
需要，首先建立在大西洋沿岸一帶，接著又隨一九四二

年冬季和一九四三年春季日本進攻北太平洋，而發展
到阿留聲群島（Aleutian Islands），後來又設立在夏
威夷群島（Hawaii islands）、加羅林群島（Caroline
Island）、馬紹爾群島（Marshall Island）和海軍群島
（Admiralty Island），羅遠駕駛最後又幫助飛機轟炸德
國占領區，和指示航線使飛機從印度滿載軍火越過希馬
拉雅山安全到達我國。

　　第二次世界大戰羅遠對同盟國方面的船艦和飛機的
幫助雖然很大，可是他對於敵國方面卻毫無「利益」可
言，主要的原因是當時敵人不但缺乏運用羅遠的圖表和
裝置，而且對於這種系統沒有任何具體概念，所以就
是敵人企圖利用我方羅遠臺發出的電波，偵查羅遠臺的
位置而予以破壞，也不是一件容易的事，因為同區域內
各羅遠臺的頻率完全相同。不過這件事並不是絕對不可
能，如果能夠將平常的方向尋找器運用得法，仍然可以
找出羅遠臺的位置，這種找出位置的正確程度取決於偵
查者和羅遠臺間的相對距離方向，和偵查者本身對這種
系統的認識。

　　現在美國海岸防守隊除了已經建立好的羅遠臺約有
四十座外，還有十座正在建造中，據估計將全世界一切
主要海空運輸通道蓋滿，共需七十座羅遠臺，現有的羅
遠臺中一部分，因為從前為適應戰時軍事的需要而設在
偏僻地區的，將來必須遷移到適當地點。

　　羅遠駕駛的原理如果是簡短的解示，便是利用海岸
已知位置的兩羅遠臺所發出電波信號的時間長短，來計
量船艦或飛機的位置，因為電波信號的速度是一定的，

所以收到各羅遠臺發出之信號間，相隔時間的長短計量，便是距離遠近的計量，各羅遠臺發出的電波信號，是依據一定規律的斷續信號（pulse signals）可使各信號到達船艦或飛機的時間差數容易量出，而距離差數又可以隨時間差數量出。

每一對羅遠臺包括一「主座臺」（Master-Station）和一座「奴臺」（Slape Station），駕駛員從羅遠波獲得自己到一對羅遠臺間的距離差數以後，便可以找出適合這種差數的羅遠位置線，但是找出的線上仍然有無數不同的點，所以駕駛員必須再接收另外一對羅遠臺所發出的電波信號，而得到第二條羅遠位置線，然後從這兩條線的交點找出自己的位置。

為便利駕駛員迅速察出本身所在位置的經緯度起見，羅遠站和羅遠位置線（雙曲線）常畫在麥開特海圖（Mercator Chart）上。每種羅遠包括一族雙曲線或羅遠位置線，各族羅遠線在圖上用不同顏色的線表示，可以幫助查考便利，例如駕駛員收到一種2L5-4000 的羅遠波，便可以立刻從印有這種羅遠位置線的麥開特海圖上找出適合這個數字的線來，然後又收到一種2L6-3850 的羅遠波，於是又可以從麥開特海圖上找出適合這個數字的線來，於是這兩條線的交點便是當時船艦的位置，駕駛員可以直接從圖上讀出這位置的經度和緯度。除畫有羅遠位置的麥開特海圖外，還有一種羅遠表，駕駛員無論是用圖或是用表所得到的經緯度數完全相同。

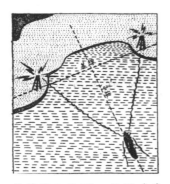 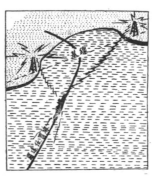

若某海船收到一座羅遠臺的電波信號較他座羅遠臺的電波信號為早，這艘海船的位置必定偏向電波信號先收到的那座羅遠臺。

如果兩座羅遠臺同時發出斷續的電波信號，它們的信號必定同時在中線相遇，所以某海船收到兩臺的信號，這艘海船的位置並定也同時在中線上。

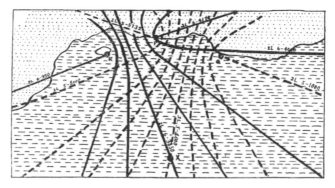

駕駛員從主臺 "P" 發出的電波信號和奴臺 "Q" 發出的電波信號的時間差，找出適合這條件的羅遠位置線 2L5-4000，又從主臺 "P" 發出的電波信號和奴臺 "R" 發出的電波信號的時間差再找出適合這條件的羅遠位置線 2L6-3850。這兩線的交點便是當時這艘海船的實際位置。

羅遠站多設在海岸突出地區，各站間常相隔兩百到三百浬的距離，使大部分羅遠線分布於海面上，「主臺」首先向各方發出電波信號，「奴臺」收到「主臺」

的信號後，立刻發出電波信號回復，這樣來回發波晝夜不停。

　　為了保證各羅遠電波信號必須經過三次連續的檢查——「主臺」檢查「奴臺」所發出的電波信號，「奴臺」檢查「主臺「所發出的電波信號，總臺在檢查主奴兩臺所發生的電波信號——如果發出的電波信號因為機件失常或是管理錯誤而生出差異，發波器便能自動發一種特別的聲音，警告駕駛員在這種聲音沒有停止以前，暫時不要使用這對羅遠臺所發出的電波信號，同時羅遠臺管理發波器的人員聽到這種聲音便立刻更換準備好的新發波器，使羅遠臺能夠繼續發出正確的電波信號，這種更換的手續，通常能夠在一分鐘以內完成，管制羅遠斷續發波的計時器曾經過戰時嚴格的考核，它的精確度和一只連續走五年而不快一秒或慢一秒的鐘相等，所以駕駛員可以絕對信它。

　　一艘海船，或一架飛機只要裝備一具羅遠接收指示器（Loran Receiver-indicator），便可以利用羅遠駕駛，指示器既便於開動，又容易管理，目前已經有了這種裝備的船艦約三千艘，飛機三萬多架，這一套裝備戰時值美金七百元以上，和平時可能減低到美金百元以下。

　　羅遠駕駛的好處就距離而論，是羅遠控制的距離勝過一切無線電駕駛指示，因為羅遠波在日間能夠達到七百五十浬，驗間有電子層反射的幫助可以伸遠到一千四百浬，若就精確度而論，則利用羅遠在兩三分鐘所測得位置的精確度，和較長時間從天文測量所得的相等，羅遠測算的差誤最多不過駕駛員到羅遠臺距離的百

分之一，所以一艘離羅遠臺五百浬的海船，利用羅遠測算位置的時候，可能產生的差誤最大不會超過五浬，並且離羅遠臺越近，準備度越大，基線（Base Line）——「主臺」和「奴臺」的連接線——上所產生的差誤通常不過數百碼。

　　羅遠駕駛最大的特點是它在任何氣象中都正確可靠，羅遠波不受任何影響向四方發出，它的精確度既不在氣候良好時增高，也不在氣候惡劣時減低，所以只要能夠收到羅遠電波信號，利用這種電波信號駕駛，便不會有所失誤。

　　利用羅遠駕駛雖然已經成了一種完善而獨立的系統，可是我們目前並不希望因此立刻廢除一切比較老式的駕駛儀器，航海時計（Chronometer），磁羅盤（Magnetic Compass）和電羅盤（Cyro Compass）依然有保留的價值，以預防羅遠接收指示器發生故障，或是船艦航行到沒有羅遠臺的區域。

　　利用羅遠駕駛是遠距離航行科學的一大進步，將來世界各國普遍運用的時候，因航行而產生的生命財產損失毫無疑義地將大為減少，我國既是五強之一，對於這種新興的學術當然不能任人獨占其美，何況我們又是曾發明人類第一種駕駛儀器——磁羅盤者的子孫！

附錄五

錄自《海軍抗日戰史（下冊）》，1994 年

中國國民政府軍事委員會派美接艦參戰海軍學兵總隊一覽表

總領隊　潘佑強
　　副領隊　魏濟民
　　副領隊　許世鈞

　　第一中隊　中隊長　陳以謀
　　第一分隊　分隊長　戴勤
　　　第一班　1-12
　　　第二班　13-24
　　　第三班　25-26

　　第二分隊　分隊長　柳燿波
　　　第四班　37-48
　　　第五班　49-60
　　　第六班　61-72

　　第三分隊　分隊長　嚴文標
　　　第七班　73-84
　　　第八班　85-96
　　　第九班　97-108

第二中隊　中隊長　孫甦
第一分隊　分隊長　劉逸舟
　第一班　109-120
　第二班　121-132
　第三班　133-144

第二分隊　分隊長　李漢鑫
　第四班　145-156
　第五班　157-168
　第六班　169-180

第三分隊　分隊長　伍孝國
　第七班　181-192
　第八班　193-204
　第九班　205-216

第三中隊　中隊長　林巽遵
第一分隊　分隊長　章興華
　第一班　217-228
　第二班　229-240
　第三班　241-252

第二分隊　分隊長　賈鍵
　第四班　253-261
　第五班　265-276
　第六班　277-288

第三分隊　分隊長　馬灼其
　第七班　289-300
　第八班　301-312
　第九班　313-324

第四中隊　中隊長　張仁耀
第一分隊　分隊長　黃宗江
　第一班　325-336
　第二班　337-348
　第三班　349-360

第二分隊　分隊長　唐敦聯
　第四班　361-372
　第五班　373-384
　第六班　385-396

第三分隊　分隊長　周克寬
　第七班　397-408
　第八班　409-420
　第九班　421-432

第五中隊　中隊長　何紹志
第一分隊　分隊長　林萬驛
　第一班　433-444
　第二班　445-456
　第三班　457-468

第二分隊　分隊長　唐希順
　第四班　469-480
　第五班　481-492
　第六班　493-504

第三分隊　分隊長　榮紀仁
　第七班　505-516
　第八班　517-528
　第九班　529-540

第六中隊　中隊長　馬須俊
第一分隊　分隊長　畢道仁
　第一班　541-552
　第二班　553-564
　第三班　565-576

第二分隊　分隊長　鈕友倫
　第四班　577-588
　第五班　589-600
　第六班　601-612

第三分隊　分隊長　余奕舜
　第七班　613-624
　第八班　625-636
　第九班　637-648

第七中隊　中隊長　劉宜敏
第一分隊　分隊長　顧鐸
　　第一班　649-660
　　第二班　661-672
　　第三班　673-684

第二分隊　分隊長　陳伯詢
　　第四班　685-696
　　第五班　697-708
　　第六班　709-720

第三分隊　分隊長　成宏略
　　第七班　721-732
　　第八班　733-744
　　第九班　745-756

第八中隊　中隊長　鄧先滌
第一分隊　分隊長　唐秋福
　　第一班　757-768
　　第二班　769-780
　　第三班　781-792

第二分隊　分隊長　顧善濠
　　第四班　793-804
　　第五班　805-816
　　第六班　817-828

第三分隊　分隊長　王偉民
　第七班　829-840
　第八班　841-852
　第九班　853-864

第九中隊　中隊長　劉征
第一分隊　分隊長　張超
　第一班　865-880
　第二班　881-895
　第三班　896-910

第二分隊　分隊長　翟偉民
　第四班　911-925
　第五班　926-940
　第六班　941-955

第三分隊　分隊長　樓宇春
　第七班　956-970
　第八班　971-985
　第九班　986-1000

附錄六

錄自《海軍抗日戰史（下冊）》，1994年

第七中隊成員名單

名稱	中文姓名	英文姓名	年齡	籍貫	訓練號碼	出身	備考
學兵第一分隊分隊長	顧　鐸	Ku To	23	四川廣安	684	交大造船系畢業	
學兵第一班班長	沈洪濤	Sheng Hung-tuo	22	江蘇南通	649	交大造船系三年	
學兵	蒲昌國	Pu Chang-kuo	27	山東榮城	650	小學肄業	
	李明月	Lie Ming-yueh	34	河北清豐	651	小學畢業	
	王雲鴻	Wang Yuen-hung	32	山東即墨	652	小學畢業	
	張慶元	Chang Ching-yuan	33	山東膠縣	658	小學畢業	
	馬士元	Ma Sze-yuan	28	南京	654	電雷學校軍士班	未去
	呂　銘	Lu Ming	30	江蘇鎮江	655	電雷學校軍士班	
	范天任	Fan Tien-jen	22	河南澠池	656	重大統專科	
	林學清	Ling Shueh-ching	28	青島	657	小學畢業	
	劉兆軒	Liu Chau-shuan	32	山東榮城	658	海軍練營	
	馬守山	Ma Shuich-san	33	河北清縣	659	私塾三年	
學兵第二班班長	楊代盛	Yang Die-shen	23	四川廣安	661	交大造船系四年	
學兵	龍傳培	Lung Tsan-pa	20	湖北宜昌	660	小學三年	
	李鵬飛	Lee Pung-fei	18	河北安平	662	小學畢業	
	王志九	Wang Chin-chiu	35	山東黃縣	663	小學三年	

名稱	中文姓名	英文姓名	年齡	籍貫	訓練號碼	出身	備考
學兵	孫廷增	Sun Ting-tsun	27	山東榮城	664	高小畢業	
	么潤身	Yao Ruen-shen	26	河北定縣	665	小學肆業	
	楊建惠	Yang Chien-hwei	20	山東即墨	666	海軍練營	
	酆緒生	Fung Shu-sen	32	山東曲阜	667	海軍練營	
	段　彬	Tan Bing	23	河北高陽	668	中央警校畢業	
	紀長聲	Chi Chang-shing	21	福建漳浦	669	國立二僑中高中畢業	
	陳猷基	Chen Yu-chi	20	廣東南海	670	國立僑二中高中	
	鄭　瑜	Cheng Yu	20	廣東潮陽	671	上海正光中學高中畢業	
學兵第三班班長	趙家珍	Chau Cha-jing	23	江西南昌	676	交大造船系三年	
學兵	鄧振讀	Tiang Chen-tu	30	山東膠縣	672	海軍練營	
	徐敬棠	Shue Ching-tang	26	江西上饒	673	海圻練兵	
	井照星	Jin Chau-shing	23	河南南陽	674	小學畢業	
	蘇根芳	Soo Ken-fang	19	福建同安	675	僑中高二下	
	賀　威	Ho We	28	湖南邵陽	677	商船專輪機科三年	
	朱同鈺	Chu Tong-yu	23	湖北宜都	678	高小畢業	
	崔永寬	Tsui Yung-kuan	33	山東榮城	679	海軍練營	
	劉鳳舞	Liu Fung-wu	30	山東榮城	680	海軍教導隊	
	梁在修	Liang Tsai-shau	25	山東榮城	681	無線電訓練班	
	李漢雲	Lie Han-yuan	20	安徽蕪湖	682	技工訓練班畢業	

名稱	中文姓名	英文姓名	年齡	籍貫	訓練號碼	出身	備考
學兵	傅作新	Fu Cho-shing	21	四川開縣	683	中華大學文學系二年	
學兵第二分隊分隊長	陳伯詢	Chen Bu-shing	21	福建閩侯	717	交大造船系三年	
學兵第四班班長	梁炎生	Liang Yen-sheng	23	廣西清源	685	交大航海科一年半	
	李英權	Lie Ing-chwan	20	廣東台山	683	大同高中畢業	
	李潤海	Lie Yun-hai	21	山東潮安	687	僑光高中三年	
	魏正宇	Wai Jen-yuh	18	四川劍閣	688	中正中學	
	羅俊英	Lo Chun-ing	20	廣東花縣	689	僑中高二下	
	聶榮洋	Neh Yun-yong	18	四川江津	690	中正中學	
學兵	鄧椿齡	Teng Chun-ling	19	湖北松滋	691	北平志成中學畢業	
	葛安農	Keh An-long	20	浙江嘉興	692	輔仁大學物理系二年	
	楊健	Yang Chien	24	江蘇上海	693	中大普專	
	閻偉亞	Yien We-yah	19	河南臨汝	694	開封高中畢業	
	唐英	Tang Ing	19	廣東文昌	695	僑高二年	
學兵第五班班長	吳震海	Wu Chen-hai	22	江蘇武進	701	交大輪機二年	
	劉潮新	Liu Chao-shing	18	安徽宿縣	696	中正中學	
	林中行	Ling Chung-shing	21	廣東文昌	697	僑二中高中畢業	
學兵	鍾延澤	Chung Iang-tse	18	四川巴縣	698	中正中學	
	伍光勛	Woo Kwang-shun	18	重慶	699	中正中學	
	糜宏楨	Me Hung-chen	23	江蘇無錫	700	交大輪機系三年	

名稱	中文姓名	英文姓名	年齡	籍貫	訓練號碼	出身	備考
學兵	吳學道	Wu Shuh-tau	26	山東威海	701	小學三年	
	沈紀宏	Sheng Jee-hung	23	上海	702	滬江大學肄業	
	池永清	Chi Yung-ching	22	上海	703	中央大學肄業	
	康炳勳	Kong Pun-shuih	21	河南常縣	705	中工電機系四年	
	劉鴻達	Liu Hung-kwei	23	河北天津	706	交大造船系三年	
	宋仲良	Shun Chung-linng	23	江蘇宜興	707	交大造船系三年	
學兵第六班班長	孫嘉良	Sun Cha-liang	25	浙江定海	718	交大造船系四年	
學兵	李樹銘	Lie Shuch-ming	19	廣東鶴山	708	僑中高三下	
	陳煥森	Chen Huan-sen	20	廣東海豐	709	同右	
	藍宗蔚	Lan Chung-we	23	湖北宜都	710	同右	
	貢定一	Kun Ding-yee	19	河南商城	711	中正高中	
	周相輝	Chow Shang-hwe	18	四川富順	712	同右	
	游正倫	Yu Chen-Len	18	四川涪陵	713	同右	
	劉遠達	Liu Yuan-da	19	四川永川	713	同右	
	李保泓	Lie Pao-hung	20	江蘇武進	715	交大造船系二年	
	劉文貴	Liu Wen-kwien	18	重慶	716	中正高中	
	張澤元	Chang Tse-yuan	18	四川銅梁	719	中正高中	
	尹伯明	Yen Po-ming	23	山東肥城	720	中工肄業	
學兵第三分隊分隊長	成宏略	Chen Hungs-lo	23	湖南長沙	747	交大航海科畢業	
學兵第七班班長	張　樹	Chang shu	21	河北棗強	725	北大醫學院二年半	

名稱	中文姓名	英文姓名	年齡	籍貫	訓練號碼	出身	備考
學兵	劉永壽	Liu Yun-shou	22	江西南昌	721	復大經濟系三年	
	謝 模	Hsieh Mu	20	成都	722	會計訓練班畢業	
	李云鵬	Lie Yun-pung	24	山東榮城	723	初小三年	
	趙克謨	Chau k-mo	22	湖北宜都	724	小學二年	
	張友奇	Chang Yu-chee	20	四川安岳	726	高小二年	
	陳維南	Chen Wei-lan	22	廣東潮陽	727	初中畢業	
	陳紹章	Chen Shaw-chang	25	廣東台山	728	初中二年	
	陳康全	Chen Kang-chwan	23	四川江津	729	高小二年	
	肖國藩	Show Kuo-fan	19	江西南昌	730	小學一年	
	劉貴華	Liu Kwee-hwa	25	江蘇江陰	731	高小畢業	
學兵第八班班長	呂學訓	Yu Show-hsung	23	江西豐城	783	交大造船系畢業	
學兵	王書民	Wang Shu-ming	22	天津	732	大學先修班	
	陳青雲	Chen Ching-yun	19	四川巴縣	734	小學三年	
	孟昭華	Moon Chau-hwa	20	河南陵寧	735	交大造船系二年	
	翁文燦	Weng Wen-tsan	25	福建閩侯	736	初小三年	
	叢芳芝	Thung Fang-chih	28	威海衛	737	初小三年	
	郭會友	Ku Hwei-yu	20	河南武南	738	初中畢業	
	謝連生	Hsieh Len-sen	29	南京	739	電雷學校軍士班	
	田興國	Ten Shing-kuo	20	四川忠縣	740	小學畢業	
	張選潮	Chang Shen-chaw	19	湖南醴陵	741	高小一年	
	張福堂	Chang Fu-tang	20	湖北黃安	742	湖北省八高畢業	

名稱	中文姓名	英文姓名	年齡	籍貫	訓練號碼	出身	備考
學兵	黃文駒	Hwang Wen-chun	23	廣東開平	743	初中畢業	
學兵第九班班長	田開銓	Tien Kai-tsuan	19	湖南大庸	751	交大輪機系半年	
學兵	鄭以亭	Chen I-ting	26	河南新鄭	744	幹訓班畢業	
	田漢	Tien Han	26	湖北武昌	745	小學一年	
	汪芳臣	Wang Fang-chen	21	四川仁壽	746	初中一年	
	羅澄	Lo Ten	18	四川自貢	748	中正中學	
	胥靈臣	Hse Ling-chen	22	四川鹽亭	749	交大航海科一年半	
	胡樹軍	Hwu Shu-chun	20	上海	750	交大輪機系半年	
	左鳳山	Tso Fung-shun	27	山東陵縣	752	海軍教導隊	
	黃建輝	Hwang Chien-kwei	27	福建閩侯	753	海軍練營	
	楊鶴齡	Yang Ho-ling	24	河北玉田	754	北平中國大學政治系	
	白甫台	Pai Pu-tai	32	遼寧蓋平	755	東北航警學校練兵	
	戚廷	Tsi Ting	22	江蘇金山	756	中央政校三年	

附錄七

錄自《海軍各學校（院）歷屆畢業生姓名錄》，第二輯，
1966 年

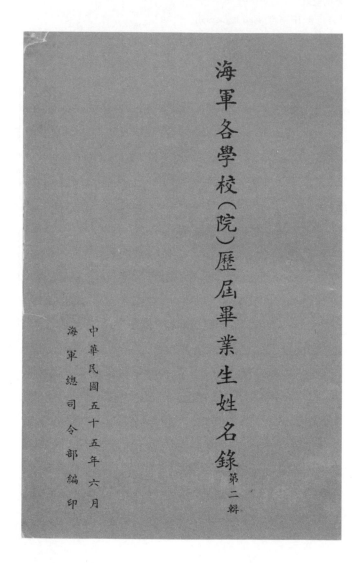

海軍各學校（院）歷屆畢業生姓名錄 第二輯

中華民國五十五年六月
海軍總司令部編印

三、海軍軍官學校軍官訓練隊歷屆畢業學員

第一隊 計二十一員

王舟之　吳幾　孟昭華　黃文彬　劉家棟　羅和平
蔣祥嘉　黃啓庸　胡載熙
鄭光模　楊西翰　袁祖頤　吳育民　朱亞濱
顏子魁　瞿己
朱育全　吳鴻盛　沙榮生　張維正　何佩章

民國三十七年四月一日畢業
統一改稱海校三十七年四月四日班航

第二隊 計二十八員

田開銓　李德景　張福堂　侯德裕　馮福勤
朱國樞　汪傳賢　胡宏博　畢道仁　黃仲書
但雋男　沈鐸　胡徵慶　曾守鎬　楊國鈞
李世英　周森佑　袁昌炎　盛祖雄　溫其瑞

民國三十七年六月十四日畢業
統一改稱海校三十七年六月班航

民國日記 39

田開銓赴美接艦日記
The Diary of Tien Kai-tsuan, 1944-1946

原　　　著	田開銓
編　　　著	民國歷史文化學社編輯部
總 編 輯	陳新林、呂芳上
執行編輯	林育薇
文字編輯	林弘毅、盤惠秦
排　　　版	溫心忻

出　　　版　🛡 開源書局出版有限公司

香港金鐘夏愨道 18 號海富中心
1 座 26 樓 06 室
TEL：+852-35860995

✺ 民國歷史文化學社 有限公司

10646 台北市大安區羅斯福路三段
37 號 7 樓之 1
TEL：+886-2-2369-6912
FAX：+886-2-2369-6990

初版一刷　2020 年 7 月 31 日
定　　　價　新台幣 300 元
　　　　　　港　幣 80 元
　　　　　　美　元 11 元
I S B N　978-986-99288-6-1
印　　　刷　長達印刷有限公司
　　　　　　台北市西園路二段 50 巷 4 弄 21 號
　　　　　　TEL：+886-2-2304-0488

http://www.rchcs.com.tw

國家圖書館出版品預行編目 (CIP) 資料

田開銓赴美接艦日記 = The diary of Tien Kai-tsuan.
1944-1946 / 田開銓原著 ; 民國歷史文化學社編輯
部編著 . -- 初版 . -- 臺北市 : 民國歷史文化學社，
2020.07

面;　公分 . -- (民國日記 ; 39)

ISBN 978-986-99288-6-1(平裝)

1. 田開銓　2. 臺灣傳記　3. 臺灣史　4. 史料

783.3886　　　　　　　　　　　109010742